———————————— 님의 소중한 미래를 위해
이 책을 드립니다.

나는 다가구투자로
꼬마빌딩 4채의
주인이 되었다

나는 다가구투자로 꼬마빌딩 4채의 주인이 되었다

당신도 꼬마빌딩의 주인이 될 수 있다!

박정선 지음

메이트북스

메이트북스 우리는 책이 독자를 위한 것임을 잊지 않는다.
우리는 독자의 꿈을 사랑하고,
그 꿈이 실현될 수 있는 도구를 세상에 내놓는다.

나는 다가구투자로 꼬마빌딩 4채의 주인이 되었다

초판 1쇄 발행 2018년 9월 3일 **| 초판 3쇄 발행** 2022년 10월 1일 **| 지은이** 박정선
펴낸곳 (주)원앤원콘텐츠그룹 **| 펴낸이** 강현규 · 정영훈
책임편집 안정연 **| 편집** 박은지 · 남수정 **| 디자인** 최정아
마케팅 김형진 · 정호준 **| 경영지원** 최향숙 **| 홍보** 이선미 · 정채훈
등록번호 제301-2006-001호 **| 등록일자** 2013년 5월 24일
주소 04607 서울시 중구 다산로 139 랜더스빌딩 5층 **| 전화** (02)2234-7117
팩스 (02)2234-1086 **| 홈페이지** www.matebooks.co.kr **| 이메일** khg0109@hanmail.net
값 16,000원 **| ISBN** 979-11-6002-168-4 03320

이 도서의 국립중앙도서관 출판시도서목록(CIP)은 e-CIP홈페이지(http://www.nl.go.kr/ecip)에서
이용하실 수 있습니다.(CIP제어번호 : CIP2018026646)

다른 사람이 말하는 투자 정보로는 성공하기 힘들다.
이런 방식은 쉽게 휘둘릴 수 있는데
스스로 시장조사, 분석을 통해
공부하고 결정을 해야 한다.

· 도널드 트럼프(미국 45대 대통령) ·

돈 나오는 집에서 살아야 한다

최근 신문기사를 보면 경제 불황에 대한 기사가 대부분이다. 미국과 중국 간의 무역전쟁으로 인한 국내 기업들의 피해가 심각하다. 조선경기 불황과 한국GM 군산공장 철수로 남부지방의 지역경제가 엉망이다.

노동자들이 떠나기도 하고 수입도 줄어드니 그 지역 주택경기가 말이 아니다. 부동산가격은 하락하고, 팔려고 해도 거래가 쉽지 않다. 그런데다 정부에서는 다주택자 중과세 정책을 시행한다.

그러다보니 지방의 주택을 팔고 서울의 똑똑한 집 한 채를 선호하는 경향이 나타나고 있다. 정부의 정책이 서울과 지방의 부동산가격 격차를 더 벌리고 있는 것이다. 서울에서도 강남지역과 변두리지역 간의 격차가 심화되고 있다. 이는 부의 양극화를 더욱 가중시키고 있다.

경기가 좋지 않으니 기업들은 투자를 하지 않는다. 그러니 청년실업도 심각하다. 베이비부머의 은퇴도 본격화되었다. 보건복지부가 공개한 'OECD보건통계'에 따르면 2016년 기준 우리나라 여성의 기대수명은 85.4세, 남성의 기대수명은 79.3세, 평균기대수명은 82.4세라고 한다.

퇴직 후 살아갈 날은 길고도 많다. 그러니 베이비부머는 자신들이 먹고 사는 문제도 만만찮다. 자녀들이 청년실업으로 고통을 겪고 있으니 그들에 대한 부양의무기간도 길어졌다. 거기다가 부모들은 고령이라 거의 병원신세를 지고 있다. 이래저래 돈 쓸 데가 많아졌다.

청년들이나 은퇴자들이 취업도 안 되고 퇴직도 빨라지니 창업의 문을 두드린다. 하지만 창업해서 성공하기는 하늘에 별 따기다.

나도 15년간의 봉급생활자를 거친 후 15년간 자영업을 하고 있다. 13년 전 부동산 공인중개사 자격증을 취득하면서 부동산에 입문했다. 안정된 직장을 스스로 그만두고 시작한 자영업이 기대만큼 신통치 않았다. 그 불안감에서 벗어나고자 자격증이라도 따야겠다는 마음으로 부동산 공부를 했다.

막상 공부를 시작하니 자격증 따는 것이 전부가 아니었다. 공부는 끝이 없었다. 그러나 초등학생 두 아들을 둔 가장이 공부만 할 수는 없었다. 가장으로서 돈을 벌어야 했다. 1년간은 공부에만 몰입하다가 부동산투자를 했다. 여러 번 시도 끝에 단 한 번의 투자로 1주일 만에 대기업의 부장 연봉을 벌었다.

자신감이 생겼다. 하지만 하고 있는 자영업을 그만두고 전업투자자가 되진 않았다. 그저 10여 년간 생업에 종사하면서 꾸준히 부동산 자산을 늘려갔다. 그렇게 한 걸음씩 나아간 결과 2018년 현재 '꼬마빌딩 4채'를 가지게 되었다. 꼬마빌딩 4채를 갖기까지의 구체적 방법론을 이 책에 모두 담았다.

나는 우리가 살아가는 데 필수품인 '집'에 대해 관심이 많다. 어려운 경제 환경 속에서 장수사회를 살아가는 우리가 생존하기에 적합한 '집'은 무엇일까? 10여 년간 투자해오면서 얻은 '집에 대한 작은 깨달음'을 독자 여러분과 공유하고자 한다.

　요즘에는 집을 장만한다고 하면 대부분 '아파트'다. 하지만 나는 다른 종류의 '집'을 이야기하려고 한다. 바로 '내가 살면서 임대수익을 누리는 다가구주택'에 대한 이야기다. '다가구주택'은 다주택자들에 대한 세금 압박이 심해지는 때에 더욱 알맞은 집이다. 그러나 한편으로는 대중들이 생각하는 기존 통념과는 다른 것이라 두렵기도 하다.

　안정된 직장을 그만두고 자영업을 하면서 '세상에서 돈 버는 게 가장 힘들다'는 평범한 사실을 깨달았다. 그러면서 내가 살고 있는 '집'에 대한 생각도 완전히 바뀌었다. '돈 나오지 않는 집은 집도 아니다'는 생각을 가지게 되었다.

　그런 생각으로 지금까지 여건이 될 때마다 '돈 나오는 집'의 숫자를 늘려가는 데 집중했다. '돈 나오는 집'이란 내가 사는 공간과 다른 공간이 있는 집을 말한다. 그것만 충족할 수 있다면 주택도 좋고, 상가라도 무방하다.

　주택으로만 구성되었으면 '다가구주택'이고, 상가와 주택이 섞여 있으면 '상가주택'이다. 반드시 '집'은 공통분모로 있어야 한다. 거주를 해야 하기 때문이기도 하지만 주택은 세금 절약에도 절대적으로 유리하기 때문이다.

독자 여러분에게 전하고 싶은 메시지는 분명하다. 돈 나오는 집에서 살아야 한다.

우선, 자신의 직업은 반드시 가질 것을 권한다. 살아가면서 일이 있다는 것은 삶에 필요한 돈을 버는 수단이기도 하지만 '인간의 존재이유'이기도 하기 때문이다.

하지만 나이 들면서 자신의 일이 살아가는 방편이 되면 스트레스다. 은퇴해서 먹고 살기 위해 일을 해야 한다면 괴롭다는 말이다. 그 괴로움에서 해방되는 방법이 돈 나오는 집에서 사는 것이다.

이 메시지를 각 장마다 반복적으로 강조하고 있다. 너무나 중요하기 때문이다. 내 이야기에 공감한다면 반드시 이를 실천하기 바란다.

인생은 짧다. 무언가 해보고 후회해도 늦지 않다. 내가 말한대로 실천하다가 실패할 것 같다면 무한 A/S해주겠다. 나는 이미 수차례 해봤다. 그리고 '집으로 재테크하라'는 신조로 '집테크 연구소'를 운영하고 있다. 그곳에서 지인들의 다가구투자를 직접 컨설팅하며 내

주장을 검증해오고 있다. 그만큼 자신감 있게 독자들에게 권할 수 있다는 이야기다.

하고 싶은 일이 많아 늘 일만 벌리는 남편을 밀어주고 묵묵히 응원해준 아내 선주에게 무한한 사랑과 고마움을 전한다. 또 믿음직하게 자라준 두 아들 순형, 순웅에게 고맙고 아빠가 많이 사랑한다고 전하고 싶다. 원고가 완성될 때까지 오랫동안 기다려준 메이트북스에도 감사드린다.

박정선

: 차례 :

● 지은이의 말 _ 돈 나오는 집에서 살아야 한다 • 6
● 『나는 다가구투자로 꼬마빌딩 4채의 주인이 되었다』 저자 심층 인터뷰 • 16

1장 / 다가구주택을 왜 사야 하는가?

집합건물에 투자하면 분명한 투자 한계가 있다 • 27

도심의 땅을 싸게 사는 유일한 방법이다 • 33

다가구주택 재활용으로 수익을 극대화한디 • 40

부동산투자의 핵심은 토지, 즉 땅이다 • 47

다가구주택의 희소가치가 가격을 올린다 • 54

가진 돈이 부족하면 다가구주택이 답이다 • 63

문재인정부의 부동산정책을 잘 따르는 투자다 • 67

아파트와 다가구주택의 수익률 차이는 꽤 크다 • 73

2장 / 다가구주택, 어떤 물건을 사야 돈이 되나?

확장성 있는 단독주택은 숨은 진주다 • 83

좋은 물건은 욕심내서라도 반드시 잡아라 • 90

신도시 상가주택, 어떤 물건을 사야 하나? • 97

도심의 상가주택, 어떤 물건을 사야 하나? • 109

주변이 좋은 방향으로 개선될 곳의 땅을 사라 • 114

돈이 나오는 땅은 인내하며 오래 가지자 • 119

어떤 지역을 선택해 투자할 것인가? • 126

3장 / 다가구주택, 어떻게 사야 하나?

자본금에 따라 전월세의 조합을 활용하라 • 135

위반건축물이라고 해서 피하기만 하지 말자 • 142

투자금은 확 낮추고 효과는 높이는 리모델링 • 149

돈이 부족하면 착한 대출을 활용하라 • 154

다가구주택과 상가주택은 직장인에게 안성맞춤 • 160

4장 / 이런 다가구주택은 폭탄이다

아무도 찾는 이 없으면 힘들고 괴롭다 • 169

경제적이면서도 효과적으로 리모델링을 하는 방법 • 173

흙속에 진주가 없으므로 핵심지역에 투자하라 • 178

확장성이 없으면 부동산은 답답하다 • 183

이미 만들어진 신축건물은 먹을 게 별로 없다 • 188

설계가 잘 나오지 않는 집에는 투자하지 마라 • 199

5장 / 부동산재테크의 시작과 끝은 세금이다

반드시 알고 있어야 할 취득세 절약 방안 • 211

양도소득세 절세 방안, 이것만은 꼭 기억하라 • 217

부동산 계약시에 이것만은 꼭 명심하자 • 223

문재인시대에도 통하는 부동산재테크 전략 • 229

주택임대사업자와 상가임대사업자, 최후의 승자는? • 239

보석 같은 부동산을 한번 사서 팔지 않는다 • 247

6장 / 정부의 부동산정책에 맞서지 마라

부동산정책 변화에 발맞춰 부동산투자를 하자 • 255

문재인시대의 부동산정책, 그 핵심을 이해해야 한다 • 265

똘똘한 집 한 채에 집중해야 한다 • 270

돈 나오는 부동산은 바람에 흔들리지 않는다 • 276

1가구 2주택 이상이면 장기임대사업자가 되자 • 283

다주택자가 법인사업자로 등록하면 어떨까? • 295

『나는 다가구투자로
꼬마빌딩 4채의 주인이 되었다』
저자 심층 인터뷰

'저자 심층 인터뷰'는 이 책의 심층적 이해를 돕기 위해 편집자가 질문하고
저자가 답하는 형식으로 구성한 것입니다.

Q. 『나는 다가구투자로 꼬마빌딩 4채의 주인이 되었다』를 소개해주시고, 이 책
을 통해 독자들에게 전하고 싶은 메시지가 무엇인지 말씀해주세요.

A. 경기가 좋지 않아 청년 실업자와 조기 은퇴자가 넘치고 있는 실
정입니다. 은퇴 후에도 오랫동안 먹고 살아야 하는데 이런 상황에
처한 우리들에게 가장 알맞은 부동산이 무엇일까요? 고민한 결과
저는 '다가구주택'에서 답을 찾았습니다. 이 책에서는 다가구주택
과 상가주택을 주로 다루었습니다. 왜 사야 하는 건지, 어떤 물건
을 골라야 하는 건지, 어떻게 사야 하는 건지, 여러 궁금증을 해소
하려 했습니다. 부동산투자에서 큰 숲은 정부정책입니다. 그리고
최종수익은 세금에서 좌우됩니다. 이 2가지 주제를 포함해서 이

책이 독자에게 전하는 주된 메시지를 한마디로 표현하면 '돈 나오는 집에 살아라'입니다.

Q. 기존에 출간된 수익형 부동산 관련 책들, 꼬마빌딩 관련 책들에 비해 이 책만이 가지는 차별화된 장점은 무엇인가요?

A. 이 책은 부동산투자의 근간인 '땅'의 가치를 강조합니다. 시간이 지나도 인플레이션율 이상으로 가치증대가 되는 '도심의 땅'에 관심을 가지고 정부정책에 순응하는 투자를 해서 각종 세금 혜택을 누려야 합니다. 그러려면 자신의 본업에 충실하면서 주거와 수익을 함께 누릴 수 있는 상품인 '다가구주택'과 '상가주택'에 투자해야 합니다. '돈 나오는 집', 즉 땅값 상승의 효과를 온전히 누릴 수 있는 집에 투자하라고 하는 것이 이 책의 장점입니다.

Q. 다가구주택과 아파트의 투자수익률 차이가 크다고 하셨습니다. 아파트보다 다가구주택의 수익률이 높은 이유는 무엇인가요?

A. 3가지를 꼽아 설명하겠습니다. 첫째, 같은 돈으로 매입한 다가구주택은 아파트와 달리 거주와 임대수입을 함께 누릴 수 있기 때문에 임대수익만큼 수익률이 높아집니다. 둘째, 아파트와 다가구주택은 가진 땅의 크기가 다르기 때문에 시간이 지날수록 가치 차이가 증가합니다. 셋째, 다가구주택은 시간이 지나면 자신의 뜻대로 재건축을 할 수 있지만, 아파트는 불가합니다. 즉 내가 내 자산의

가치를 증가시키는 행위를 할 수 있다는 점이 곧 수익률을 높이는 일입니다.

Q. 도심의 땅을 싸게 사는 유일한 방법은 건축된 지 오래된 다가구주택을 사는 것이라고 하셨습니다. 자세한 설명 부탁드립니다.

A. 도심에 건축물이 존재하지 않는 '빈 땅'은 없습니다. 도심의 땅은 오래된 단독주택이 지어진 형태로 존재합니다. 단독주택도 여러 가구가 거주하면 다가구주택입니다. 다가구주택은 건축법적으로 단독주택의 한 종류입니다. 오래된 단독주택은 대부분 땅값만으로 거래됩니다. 여러 가구가 전세로 임대된 다가구주택을 융자와 전세금을 안고 구입하면 가장 적은 돈으로 내 집 마련이 가능합니다.

Q. 돈이 되는 다가구주택의 핵심 조건들에 대해 알려주시기 바랍니다. 반대로 피해야 할 다가구주택에 대해서도 알려주시기 바랍니다.

A. 돈이 되는 다가구주택은 여러 가지가 있습니다. 첫째, 현행 건축법적으로는 도저히 지을 수 없는 연면적으로 용적률을 많이 활용할 수 있는 건물입니다. 둘째, 이웃과 합병으로 가치를 증가시킬 수 있는 집입니다. 셋째, 결격사유가 있어도 이용가치가 뛰어난 집입니다. 반대로 돈 안 되는 다가구주택도 있습니다. 첫째, 주변 환경과 조화롭지 못한 주택입니다. 둘째, 새로 짓고 싶어도 설계가 안

나오는 집입니다. 셋째, 주어진 땅 위에 이미 최유효이용을 해버린
집입니다.

Q. 돈이 나오는 다가구주택은 오래 가지고 가라고 강조하셨습니다. 구체적인
전략을 알려주시기 바랍니다.

A. 돈 나오는 다가구주택을 오랫동안 가지고 가는 것이 정답입니다.
특히 그 다가구주택이 위치한 지역이 그 도시의 핵심지역이면 더
욱 그렇습니다. 그 주택을 팔아버리면 그만한 수익을 누리는 집을
살 수 없기 때문입니다. 주택은 가격이 높은 재화라고 할 수 있습
니다. 거래에 따른 비용과 세금이 큽니다. 그 비용과 세금을 제하
면 자신의 자산이 줄어드는 결과가 나옵니다. 따라서 핵심지역에
투자해서 수익을 누리고 있다면 땅값 상승효과도 매년 느낄 수 있
어 흔들림없이 오래 가져갈 수 있습니다. 그리고 매도할 때는 세
금을 최소화하는 전략을 써야 합니다. 그 전략이 지금은 장기임대
사업자 등록입니다.

Q. 다가구주택 매입시 내 돈을 모두 주고 사는 게 아니라고 하셨습니다. 대출을
활용하는 방법, 전·월세를 활용하는 방법을 알려주시기 바랍니다.

A. 다가구주택을 구입하는 가장 큰 장점은 내 돈이 적게 든다는 것입
니다. 아파트는 자기가 살면서 다른 사람에게 임대가 곤란한 구조
입니다. 하지만 다가구주택은 자신이 거주하면서도 남는 가구를

전세 혹은 월세로 임대할 수 있습니다. 또한 구입시에는 대출을 활용할 수 있습니다. 그러나 전세를 많이 놓으려면 대출금을 줄여야 합니다. 자신의 자금사정에 따라 전·월세와 대출의 황금비율을 맞추어 나가야 합니다. 그러면서 간과하지 말아야 할 점은 자신의 투자금액을 최소화하면서 땅 크기를 늘리는 데 중점을 두는 것입니다.

Q. 부동산 재테크를 할 때는 세금을 미리 알아보고 대비해야 합니다. 특히 다주택자에 대한 세금 중과시대에 현명하게 대처하는 방법을 알려주시기 바랍니다.

A. 2018년 4월 1일부터 다주택자 양도소득세 중과세 정책이 시행되었습니다. 이런 때에는 가치상승에 한계가 있는 집들을 정리하고 똘똘한 한 채만 가지는 것이 낫습니다. 이때 똘똘한 한 채로 가장 적합한 것이 '다가구주택'이나 '상가주택'입니다. 다가구주택은 단독주택으로 1가구 1주택이 됩니다. 상가주택도 상가면적보다 주택부분이 크면 주택으로 간주합니다. 그러면 역시 1가구 1주택 적용을 받습니다. 9억 원 범위 내에서 양도소득은 비과세 혜택을 받습니다. 자금여력이 되는 사람은 다가구주택 한 채를 더 투자하면서 장기임대사업자로 등록하면 절세효과를 누릴 수 있습니다.

Q. 문재인정부의 부동산정책과 맞물려 다가구주택 투자가 최고의 투자라고 거듭 강조하셨습니다. 그 이유가 무엇인가요?

A. 문재인정부의 부동산정책에서 다주택자 양도소득세 중과제도와 임대사업자 등록 활성화 정책을 잘 활용해서 답을 찾아야 합니다. 다주택자가 매도시 양도소득세를 최고 62%까지 적용할 수 있습니다. 중개수수료와 지방소득세를 감안하면 수익의 약 70%입니다. 매년 발생하는 인플레이션율로 인한 화폐가치의 하락을 고려하면 장기보유한 사람들은 오히려 수익률이 마이너스입니다. 이를 피할 수 있는 방법이 다가구주택 투자입니다. 자신이 거주하지 않는 가구는 임대하면서 단독주택으로 인정받을 수 있기 때문입니다. 다가구주택 한 채를 소유한 자는 정부가 규제하는 다주택자가 아닙니다.

Q. 다가구주택에 투자하려고 하는 사람들, 특히 직장인들과 은퇴한 분들에게 당부의 한 말씀 부탁드립니다.

A. 직장인들은 직장과 가까운 곳에 거주해야 합니다. 또한 자녀들 교육문제와 생활의 편리함, 안전문제 등으로 아파트 거주를 선호합니다. 재테크도 좋지만 지금 현재 누리는 행복감도 중요합니다. 그 욕구를 억제할 필요도 없습니다. 그러나 반드시 미래를 위한 준비는 해야 합니다. 투자는 다가구주택으로 해두어야 합니다. 처음에 융자와 전세금을 최대한 활용해서 땅 넓은 다가구주택을 마련해

놓고 은퇴 후에 전세를 월세로 전환하면 훌륭한 수입원이 될 것입니다.

　은퇴한 분들은 소득없이 오랜 시간을 생존해야 합니다. 그렇게 하기 위해서는 자신이 가진 재산을 리모델링해야 합니다. '나이 들면 자식보다도 돈이 효자다'라는 말이 있습니다. 자신이 가진 집에서 돈이 안 나온다면 돈이 나오는 집으로 전환해서 기본생활이 되게 만들어놓고 자신에게 맞는 일을 찾아서 해야 합니다. 은퇴 후에 자신이 하는 일이 소일거리가 되어야 합니다.

어려운 경제 환경 속에서 장수사회를 살아가는 우리가 생존하기에
적합한 '집'은 무엇일까?

우리가 살고 있는 주거형태는 크게 2가지로 나눌 수 있다. 단독주택과 집합건물이다. 이렇게 구분하는 것은 건물이 깔고 있는 토지가 온전히 자기 소유냐 아니면 지분으로 공유하는가의 차이에 있다. 부동산투자는 곧 땅에 대한 투자다. 도심에서 내 땅을 가장 효과적으로 많이 확보하는 방법이 무엇일까? 내가 거주하면서 임대수익까지 누리는 주택이 무엇일까? 1장을 다 읽고 나면 '다가구주택'이 새롭게 다가올 것이다.

1장

다가구주택을
왜 사야 하는가?

집합건물에 투자하면
분명한 투자 한계가 있다

집합건물은 토지를 집단이 지분으로 소유하므로 제약이 따른다.
따라서 다가구주택과 달리 집합건물은 분명한 투자 한계가 있다.

우리가 부동산투자를 한다면 가장 먼저 선택의 문제에 직면한다. '어디에 투자해야 할까?' '어떤 물건을 사야 할까?' '언제 매수하고 매도할까?' 등 선택할 사항이 한두 가지가 아니다.

　여러 고려사항이 있지만 부동산을 이루는 근간은 '토지', 즉 '땅'이다. 부동산투자는 결국 '내 땅의 크기를 어떻게 늘려갈 것인가?' 하는 문제다. 그렇다고 무작정 땅 크기만 늘려 간다고 해서 성공한 투자가 되는 것은 아니다. 투자한 땅에서 부가가치가 얼마만큼 창출될 수 있느냐가 중요하다. 우리가 흔히 접하는 부동산투자 물건 중에서 토지 부분을 분리해서 생각하고 분석해보자.

단독주택과 집합건물의
차이를 알자

부동산투자에서 가장 중요한 것은 위치다. 부동산의 특성 중에는 부동성(不動性)과 부증성(不增性)이 있다. 즉 부동산을 이동시키거나 면적을 증가시킬 수 없다는 뜻이다. 그래서 한 번 투자할 때 위치를 잘 선정해야 한다.

그 다음으로 부동산의 위치 못지않게 중요한 것은 '어떤 물건에 투자할까'이다. 일반인들이 흔히 투자하는 부동산은 아파트나 오피스텔 혹은 아파트 단지내상가나 근린상가들이다. 그들의 관심에서 벗어난 것이 다세대주택과 다가구주택이다. 흔히 빌라나 연립주택이라고 말하는 것이 다세대주택이다.

다세대주택은 개별분양하기 때문에 등기가 가능하다. 하지만 다가구주택은 개별분양이 불가능해서 단독주택으로 분류한다.

위에서 언급한 물건들을 토지소유 기준으로 보면 크게 2가지로 분류할 수 있다. '자신이 단독으로 토지를 소유하는가'와 '집단으로 공유하는가'이다.

여기서 토지를 집단으로 공유하는 것이 바로 집합건물이다. 단독주택과 다가구주택을 제외한 아파트, 오피스텔, 다세대주택, 단지내상가 등이 집합건물이다.

집합건물은 대법원인터넷등기소에서 등기부등본을 발급할 때에도 '부동산 구분'란에서 집합건물로 분류되며, 토지등기부등본이 따로 발급되지 않는다. 대신 토지와 건물이 한 등기부등본에 표시된다. 전체 토지 면적에서 자신의 토지 소유권이 '대지권 비율'로 표시된다. 이 분류는 '독자적으로 자신의 토지에 대해서 완전한 소유권을 누릴 수 있는가'에 구분의 실익이 있다.

완전한 소유권을
행사할 수 있을수록 좋다

오늘날 대부분의 사람이 주거용 부동산으로 가장 선호하는 것은 역시 아파트다. 다음으로는 우리가 흔히 '빌라'라고 말하는 다세대주택을 선호한다. 마지막으로 단독주택을 선호한다.

내 집 마련을 하면서 장래에 재테크적인 요소를 감안한다면 집합건물 형태보다는 단독주택을 권한다. 왜냐하면 자신이 구입한 건물이 차지하고 있는 토지에 대해서 완전한 소유권행사를 할 수 있기 때문이다.

토지에 대한 완전한 소유권행사란 무엇을 의미할까? 이는 자신의 토지에 대해 어느 누구의 간섭도 받지 않고 국가에서 정한 법률과 조례에 따라 사용, 수익, 처분을 할 수 있는 상태를 말한다.

건물이 노후화되어 재건축을 할 때 그 위력이 나타난다. 단독주택은 토지 소유권자가 마음대로 결정해서 재건축을 하면 된다. 그러나 집합건물의 한 부분을 구분해 소유한 사람은 토지를 자신의 건물평수에 비례해서 공유하고 있다. 그러므로 함께 토지를 공유한 사람들과 재건축하기로 의견일치를 보아야만 재건축이 가능하다.

원래 아파트 재건축은 아파트 전체 지분의 75%가 동의해야 한다. 같은 아파트 내에서도 큰 평수를 가진 주민의 투표권이 더 많다는 이야기다. 2016년 1월 8일 '도시 및 주거환경 정비법(이하 도정법)' 개정안이 국회에서 통과되었다. 그 전에는 아파트 단지 내에서 위치가 가장 좋고 값도 비싼 특정 동에서 재건축을 반대한다는 의견이 1/3 이상 되면 무산되었다. 하지만 법이 개정되면서 아파트 전체 지분의 75%가 동의하거나 각 동별로도 소유자의 절반 이상이 동의하면 재건축이 가능하도록 바뀌게 되었다. 법이 완화되었다지만 여전히 재건축은 시간이 많이 소요된다.

아파트 외에 주변에서 흔히 보는 8가구, 10가구 등 다세대빌라들은 구분소유자의 100% 동의가 있어야만 재건축이 가능하다. 개인적인 경험을 소개해본다.

나는 재건축을 기대하면서 2010년 말에 서울지하철 2호선 구의역 인근에 30년 이상 된 다세대 8가구 중 1세대를 구입했다. 그 후 5년이 지나서 소유자들이 재건축을 하기로 합의하고 조합을 구성했다. 하지만 막상 실행을 하려니 하나둘씩 이런 저런 핑계를 대면서 반대했다. 결국 8세대 중 5세대만 재건축을 찬성하고, 2세대는 재건축을 찬성하는 사람에게 매각하고 떠났다. 나머지 1세대는 시세보다 높은 값에 조합이 매입해서 재건축을 하게 되었다.

이런 경험을 하면서 많은 사람의 이해관계가 얽힌 재건축이나 재개발에 대한 인식을 달리 하게 되었다. 결국 재건축이나 재개발은 '수많은 사람과의 동업'이다. 그러니 이견이 많고 결국 성공하는 데 시간이 소요될 수밖에 없는 것이다. 그러므로 단계별로 잘 선택해 투자해야 한다.

신축 집합건물을 분양받을 때는 당장 문제가 되지 않는다. 독립된 완전한 소유권을 가진 것 같은 착각을 하게 된다. 처음에는 구입한 부동산에서 건물만이 효용가치를 발하므로 토지의 가치는 중요하지 않다. 하지만 30~40년 후에 재건축 이야기가 나오면 그때 토지가치가 부상한다. 건물이 노후화되어 감가상각되면 잔존가치가 얼마 남지 않는다. 자신이 가진 토지자산이 공동소유로 묶여 완전한 소유권을 누리지 못하는 것을 실감하게 된다.

이러한 토지 소유권의 불안정성은 부동산시세에 그대로 반영된다. 주변에 30년 이상 된 노후한 빌라를 조사해보라. 그 정도의 연식이면 건물 값은 거의 없다시피 평가된다. 즉 땅값만 인정한다.

그런데 분명히 인근의 30년 이상 된 단독주택과 빌라는 토지 지분당 땅값이 차이가 난다. 예를 들면 단독주택이 3.3m^2(평)당 2천만 원인데, 인근의 빌라는 땅 지분 값으로 보면 단독주택 땅값 이하인 1,500만 원 정도에 거래된다. 심지어 1천만 원에도 거래된다. 이런 차이는 독자적인 토지이용을 못하기 때문에 발생한다. 나는 이렇게 차이 나는 비용을 '토지소유자간 의견마찰비용'이라고 표현한다. 토지소유자 간에 의견일치를 보기 어려운 것이 가격으로 디스카운트 된 것을 일컫는 말이다.

부동산 중에서 집합건물은 시간이 지남에 따라 감가상각된다. 그러나 토지는 남는다. 그 토지를 집단이 지분으로 소유하기 때문에 토지이용 측면에서 제약이 따른다. 따라서 집합건물은 분명한 한계가 있다.

투자 포인트

좋은 위치에 있는 30~40년 된 노후 빌라 중에서 주변 토지시세보다 저평가된 이른바 '토지소유자간 의견마찰비용'이 큰 것을 매입한다. 그 후 집합건물 소유자 간에 의견 통합을 위해 노력해서 의견 일치만 되면 당장 수익을 발생시킬 수 있다. 이때 토지 지분이 큰 것을 사야 한다. 주변 시세와 갭이 클수록 토지소유지분이 클수록 좋다!

도심의 땅을 싸게 사는
유일한 방법이다

서울의 경우 최근 몇 년간 개별적으로 재개발이 많이 이루어졌다.
점섬 도심의 신축 가능한 용지는 더욱 희소가치를 높여갈 것이다.

부동산투자라고 하면 부동산 종류 중에서 가장 먼저 생각나는 것
이 무엇일지 궁금하다. 아마 '땅 투자'라고 말하는 사람이 많을 것
같다. 경제 성장기에는 각종 사회 인프라가 구축되고, 인구가 도시
로 빠르게 유입된다. 여기저기 도로가 건설되고, 도시로 몰리는 인
구를 수용하기 위해 아파트와 빌라들이 건설되면서 도시는 급속히
팽창된다. 이 과정에서 도로가 뚫리고 도시가 건설되는 곳은 여지
없이 땅값이 급등했다. 그래서 부동산투자자들은 '땅 투자'에서 재
미를 보았다.

도시가 팽창되는 길목에 땅을 가진 사람들은 '졸부'가 되었다. 강

남에서 보상받고 분당으로, 동탄으로, 평택으로 옮겨가면서 땅 크기를 늘려나갔다면 계속적으로 부를 축적했을 것이다. 지금도 부자들은 옛날의 향수에 젖어서 '땅'에 대한 애착이 강하다. 그렇게 생각하는 것은 지금도 크게 다르지 않다.

그런데 이웃나라 일본을 보면 도쿄중심지를 벗어난 위성도시들은 인구가 줄어들고 부동산가격이 폭락하는 상황이 발생하고 있다. 그러나 도쿄중심지는 오히려 가격이 상승했다. 일본의 사례처럼 우리나라 위성도시의 가격 폭락현상이 올지는 이견이 있다. 하지만 부동산 전문가들은 도심의 부동산가격 상승이 우리나라에도 그대로 적용된다는 데는 의견이 일치한다.

2016년 12월 7일 통계청이 발표한 '장래인구추계 〈2015~2065〉'를 보면 우리나라 인구는 2031년 5,296만 명을 정점으로 감소한다. 이를 보면 일본의 전철을 우리도 그대로 밟을 것인지 관심사다. 이런 위험을 피하는 부동산투자 방법이 무엇일지에 대해 고민해보자.

이제 도심에는 개발할 수 있는
땅이 부족하다

이제 우리나라는 선진국의 문턱에 와있다. 각종 사회적 인프라 구성은 어느 정도 완성단계다. 과거처럼 하루가 다르게 도로가 뚫리고 다리가 놓이고 전철이 개통되는 일은 드물다.

우리나라 출산율은 OECD(경제협력개발기구) 가입국가들 중에서 최하위다. 인구가 늘어나지 않고 2031년부터는 줄어든다고 한다. 국토교통부의 주택보급률 통계를 보면 2014년 기준으로 103.5%에 달한다. 그래서 정부에서도 더이상 신도시 택지개발은 하지 않는다. 구도심 재개발을 할 수밖에 없다.

2005년 도정법의 개정으로 한때 재개발 바람이 분 적이 있다. 인구 50만 이상 도시에서 재개발구역 지정 발표가 있었기 때문이다. 당시 서울에서는 용산구, 거여동, 마천동, 목동, 성수동, 한남동 등의 재개발이 금방이라도 이루어질 것 같은 분위기였다. 재개발 붐을 타고 땅값이 급등했다. 이런 지역에서 이른바 '지분 쪼개기'가 성행했다.

발 빠른 개발업자들은 재개발이 지정될 구역에서 다세대를 분양해 많은 매매차익을 실현했다. 당시 재개발에 투자한 사람들은 지금까지 감당한 금융비용을 감안하면 큰 손실을 입은 사람들이 많다. 10년 이상 지난 현재까지도 재개발로 입주를 한 아파트는 거의 없는 상황이다.

하지만 지난 몇 년 전부터 상승세를 지속하고 있는 아파트가 있다. 바로 서울 강남권 재건축아파트다. 여기에는 그럴만한 이유가 있다. 구도심 재개발에 비해서 비교적 빠르게 사업을 진행한다는 이점이 있다. 무엇보다도 모든 여건이 잘 갖춰진 지역에 새 아파트를 가질 수 있다는 점이 가장 큰 요인이다.

내가 거주하는 구의-자양 균형발전촉진지구도 2006년 지정된 이래 건축이 규제되었다가 2013년에 허용되었다. 그러자 역 주변 곳곳에서 원룸주택들이 신축되었다. 이제는 이 지역에 건축할 만한 땅이 아주 귀하게 되었다. 그러니 자연히 집을 지을 수 있는 땅값이 많이 상승했다.

비단 이 지역만 그런 현상을 보이는 것이 아니다. 서울 도심에서 구옥들이 점점 사라지고 있다. 최근 몇 년간 개별적으로 재개발이 많이 이루어졌다. 점점 서울 도심의 신축 가능한 용지는 더욱 희소 가치를 높여갈 것이다.

1980~1990년대에 지어진
다가구주택에 주목하라

지난 몇 년간 서울 도심의 땅값은 많이 올랐다. 지역에 따라 차이가 있겠지만 내가 거주하는 서울 광진구 구의역 지역은 1~2년 사이에 $3.3m^2$(평)당 평균 500만 원 이상 상승했다.

이러한 서울 도심의 땅값 상승 현상은 현장을 직접 답사하는 임 장활동으로 조사한 결과, 서울시내 거의 대부분 지역에서 나타난 공통된 현상이다. 서울 도심의 땅값이 많이 오른 상태에서 가진 돈이 적은 소시민들이 어떻게 땅을 확보할 수 있을까? 여기서 그 해답을 제시하겠다.

보통 지은 지 20년 이상 된 구옥들은 땅값만 계산해 거래된다. 즉 건물 값은 없는 것으로 산정한다. 건물 값을 공짜로 산정해서 매입한 다가구주택이나 단독주택 중에는 리모델링을 하면 향후 몇 십년간 건물 수명을 연장할 수 있는 것이 많다. 보통 주인세대 외에 2~8세대를 임대할 수 있는 공간이 있다. 요즘 전세금이 많이 올라 있는 상태다. 모두 전세로 임대하면 순수하게 자신의 투자금은 최소화하면서 단독주택이나 다가구주택을 매입할 수 있다.

구체적으로 사례를 들어보자. 시기는 2015년 말이다. 서울지하철 2호선 구의역 10분 내에 위치한 땅으로 면적이 165m²(50평)이다.

리모델링 주택
건물 값을 공짜로 산정해서 매입한 다가구주택이나 단독주택 중에는 리모델링을 하면 향후 몇 십년간 건물 수명을 연장해 살 수 있는 것이 많다.

지하층 2룸 2세대, 1층 2룸 2세대, 2층 2룸 2세대, 3층 3룸 주인세대 및 1룸 옥탑방으로 구성되어 있다.

지하는 1세대당 7천만 원 전세 임대해서 합계 1억 4천만 원이다. 지상층 2룸은 세대당 1억 5천만 원에 전세보증금을 받았다. 합계 6억 원이다. 3층 3룸은 주인인 자신이 직접 거주한다. 옥탑방은 1룸 전세보증금인 5천만 원을 받았다. 총 전세보증금은 7억 9천만 원이다.

만약 3층 주인세대를 전세로 내놓으면 2억 5천만 원을 받을 수 있다. 그러면 총 전세보증금은 10억 4천만 원이다. 이 지역 땅값은 3.3m²(평)당 2,300만 원이다. 매매가격은 11억 5천만 원이다. 자신이 3층 3룸에 거주하면 3억 6천만 원이 필요하다. 자신이 거주하지 않으면 1억 1천만 원이 필요하다.

여기서 강조하는 핵심은 다음과 같다. 도심에 대지 50평을 단돈 1억 1천만 원으로 확보했다는 것이다. 자신이 거주한다면 3억 6천만 원으로 도심의 땅 50평을 확보하고 살게 된다. 대지지분 33m²(10평) 빌라 한 채 값이다. 이런 부동산은 위치 선정만 잘한다면 시간이 지났을 때 돈이 된다. 이른바 '세월과 동업'하는 것이다. 시간은 무조건 흐른다. 절대적으로 수익이 나는 게임이다.

여기서 한 가지 짚고 넘어가자. 현실적으로 20~30년 된 구옥들은 위에서 예를 든 것보다 저렴한 전세보증금으로 임대될 수 있다. 구옥을 인수해서 전체적으로 리모델링을 하면 좋다. 물론 추가 비용은 든다. 실제로 1억 3천만 원 정도의 리모델링 비용이 든다. 그러면 쉽게 위와 같은 결과가 나올 수 있다. 거주하지 않는다면 리모델링 비용을 합쳐서 2억 4천만 원으로 20년간 새집처럼 사용할 수 있는 50평짜리 내 집을 마련했다는 사실이 중요하다.

투자 포인트

건축된 지 오래된 다가구주택에 관심을 갖자. 자기 돈을 최소화하면서 도심의 내 땅을 확보하는 지름길이다.

다가구주택 재활용으로
수익을 극대화한다

입지는 좋지만 건물이 오래되고 관리가 잘 되지 않아
저평가된 물건에 기회가 있다. 리모델링을 하면 된다.

앞에서 20년 이상 된 다가구주택을 구입하는 것이 돈을 적게 투자하고 도심에서 내 땅을 확보하는 지름길임을 살펴보았다. 보통 20년 이상 건물 값을 거의 평가에서 제외하고 거래되기 때문이다. 매입시 건물 값을 치르지 않았는데 그 건물에서 계속 수익이 난다면, 원가가 들지 않는 제품을 소비자에게 파는 효과를 누리는 것이다. 경제적으로 수익의 극대화를 실현하는 방법이다.

물론 이런 물건을 아무나 발견하고 구입할 수 있는 것은 아니다. 세상에 공짜는 없다. 이미 쉽게 계산되어져서 투자수익이 양호하게 나오는 물건은 내 손에 들어올 확률이 극히 낮다.

다양한 경험을 가지고 상상력을 발휘해 버려진 물건에 새롭게 가치를 입혀서 작품을 만들어야 가능하다. 남들은 거들떠보지도 않는 물건을 남다른 시각으로 분석해서 자기 나름대로 가치를 창조해야 한다. 노후한 건물을 땅값만 주고 매입해서 새로운 가치를 창출하는 방법을 하나씩 살펴보자.

재활용하기
좋은 물건이란?

건물이 20년 이상 되어 노후화된 것은 관리상태에 따라 다르지만 임대료 수준이 주변 건물에 비해 턱없이 낮다. 그런데 교통이 편리하고 학군과 생활 환경이 편리한 곳이라면 리모델링을 통해 신축한 것과 비슷한 효과를 누릴 수 있다.

하지만 리모델링을 해도 투입한 돈에 비해 그 효과를 누리지 못하는 물건도 있다. 그러면 어떤 물건을 선택해야 리모델링해서 제대로 된 가치를 찾을 수 있을까?

현재 법과 조례에서 신축을 하면 건물의 연면적이 오히려 줄어드는 건물

현재 법과 조례에서 신축을 하면 건물의 연면적이 오히려 줄어드는 건물을 선택해야 한다. 이런 사례를 3가지 경우로 나누어 살펴볼 수 있다. 첫째, 신축하면 강화된 주차장법이 적용된다. 지금 신축을 하면 주차난이 심하지 않은 1980년대에 지은 건물보다 임대 가능면적이 적어진다.

둘째, 오래된 건물을 보면 옆집과 간격이 없는 건물이 있다. 즉 이격거리가 없다. 좁은 대지를 알차게 활용한 것이다. 구옥을 허물면 실제로 대지활용도 면에서 손해를 본다. 나는 2006년 서울 광진구 구의동에 30년 된 구옥을 구입해서 신축한 경험이 있다. 그 당시 내가 산 구옥에서 창문 밖으로 물건을 떨어뜨리면 옆집 마당으로 가서 주워와야 했다. 그 당시에는 건축법에서 집을 지을 때 일정면적을 띄우는 규정이 없었던 것이다. 지금은 건축시 일정거리를 반드시 확보해야 한다. 그러므로 구옥을 허물어 신축하면 자신이 사용하는 마당면적은 적어진다.

원래 인접대지경계선에서 건축물의 이격은 1999년 이전까지는 건축법에 포함되어 있었다. 하지만 1999년 2월 8일 건축법이 개정되면서 없어졌다. 현재 인접대지경계선에서 건축물의 이격은 민법의 기준을 따른다. 민법에서 이격거리기준은 인접대지경계선에서 건축물의 모든 부분(처마, 계단, 발코니 등)이 0.5m 이상 이격해야 한다. 실무에서는 다가구주택은 0.5m 이상 이격하고, 다세대주택은 1m 이상을 이격한다. 대지가 작을 때는 다가구주택이 설계상 유리하다.

셋째, 한시적으로 건축법이나 조례에서 용적률을 완화해서 지어진 건물이 있다. 1990년 5월에 용적률을 대폭 완화했는데 이때 지은 건물이 있다. 지금의 법에서는 도저히 활용할 수 없는 용적률을 가진 건물이다.

좋은 입지의 오래되고 낡은 저평가된 물건

부동산은 지역성이 강하다. 주변 환경이 좋지 않은데 자기 혼자만 돋보인다고 해서 좋은 평가를 받을 수는 없다. 주변 환경이 좋아야 같이 묻어갈 수 있기 때문이다. 자신의 물건을 좋은 주변 환경에 걸맞게 리모델링하면 더 큰 시너지효과를 발휘한다. 쉽게 말해서 소형차에 아무리 튜닝을 한다해도 소형차다.

부동산은 입지가 가장 중요하다. 좋은 입지에서 단지 건물이 오래되고 관리가 되지 않아 저평가된 건물에 기회가 있다. 하나씩 좀 더 구체적으로 살펴보자.

만약 1980~1990년대에 2종 내지 3종 일반주거지역에 지하 1층, 지상 3층 및 옥탑방까지 지어져 있는 건물이 있다면, 이를 허물고 5층 건물을 신축한다고 해도 기존 건물보다 가구 수를 더 증가시킬 수 없다.

그 이유를 분석해보자. 지하층을 제대로 파서 짓지 않으면 지하층에 있는 가구는 없어진다. 또한 1층은 필로티구조로 주차장을 확보해야 하므로 현재 있는 가구가 없어진다. 결국 2개 층이 사라지게 된다. 그 위에 2층에서 5층까지 4개층에 가구가 들어간다. 결국 구

건물에서 반지하층 포함해 5개 층에 구성된 가구 수가 신축으로 인해 가구 수가 더 늘어나지 않는다. 이런 현상이 생기는 것은 과거에는 주차공간에 대한 법규가 미비했지만 현재는 차량 증가로 주차장 확보의 필요성에 따라 관련법이 마련되었기 때문이다.

입지가 좋다는 것은 그만큼 수요가 따른다는 소리다. 입지 중 첫째는 교통여건이다. 직장으로 출·퇴근이 용이한 곳이다. 다음으로 생활 환경이다. 시장이나 학교, 공원 등 생활하는 데 꼭 필요한 요소를 두루 갖춘 곳인지가 중요하다. 직장과 가깝고 교통여건이 좋으면 주차공간이 부족해도 임대에 그다지 큰 문제가 되지 않는다. 한때 지하철 역세권에 주차장 요건을 완화해서 건축을 할 수 있게 건축규제를 풀어준 적이 있다. 이때 지어진 건물은 수익성이 좋다.

리모델링에 과도하게
돈을 쓸 필요는 없다

그러면 마지막으로 '리모델링을 어떻게 할 것인가'라는 문제가 남는다. 결론부터 말하자면, 리모델링을 하는 데 과도하게 돈을 투자할 필요는 없다.

첫째, 골조부분을 점검해서 구조적으로 문제가 없는 범위 내에서 공간 구성을 효율적으로 배치해야 한다.

둘째, 배관이나 배선을 교체해야 한다. 대부분 30년 이상 된 집은 보일러 배관이 주철관이나 동파이프로 되어 있다. 이것은 반드시 엑셀파이프로 교체해야 앞으로 몇 십년간 안심하고 사용할 수 있다. 그리고 전기배선과 통신배선이 중요하다. 과거에는 인터넷을 사용하는 환경이 아니었기 때문에 통신배선이 미비했다. 하지만 이제는 각 방마다 인터넷망이 갖춰져야 한다.

셋째, 주방기구를 현대식으로 교체해야 한다. 주택시장은 여심을 잡는 게 절대적이다. 대부분 가정에서 구매 의사결정권이 여성에게 있기 때문이다. 여성들이 주택에서 가장 많이 머물고 이용하는 공간이 주방이다. 주방 인테리어에 신경을 써야 하는 이유다.

넷째, 욕실이 깨끗하고 좋은 이미지를 연출하도록 신경을 써야한다. 천장은 돔으로 시공해야 하고, 샤워부스도 설치해야 한다. 변기나 세면대도 좋은 디자인을 선택해야 한다. 타일 색상을 잘 선택해도 분위기가 달라진다. 무엇보다도 각종 수전 및 금속제품은 비싸더라도 쉽게 녹슬지 않고 오래가는 것으로 선택해야 한다. 금액은 그리 큰 차이가 나지 않는다. 이런 연결 부품들 하나하나에서 품질과 수명이 좌우된다.

다섯째, 벽지와 바닥재 선택이다. 흔히 바닥재로 값싼 장판시공을 해서 이사할 때마다 새로 교체하는 경우도 있다. 하지만 임대 목적이라면 굳이 원목마루를 하지 않더라도 데코타일 재질로 시공하면 무난하다. 벽지는 얼굴에 화장하는 것과 비슷하다. 벽지는 건물

내부 분위기를 연출하는 데 적은 돈으로 최대효과를 낸다. 색상 유형을 감안해 선택해야 한다. 심플하고 모던한 것이 싫증도 덜 난다.

마지막은 조명이다. 식탁등이나 거실등 중 하나만 색다르게 꾸며 놓아도 집 전체 분위기가 달라진다. 다소 비용이 나가더라도 에너지 절감형 LED 등의 시공을 권한다. 조명은 내부 인테리어에서 마지막 화룡점정이라고 표현해도 좋다. 적은 돈의 차이로 큰 효과를 볼 수 있다.

투자 포인트

현행 법체계 하에서는 활용할 수 없는 용적률로 지어진 다가구주택을 사서 리모델링하는 것이 수익을 극대화하는 비법이다.

부동산투자의 핵심은
토지, 즉 땅이다

좋은 위치의 땅은 누구나 선호하는데 그 땅을 늘릴 수 없다.
다가구주택 투자로 도심에 내 땅을 한 평이라도 늘려야 한다.

부동산투자에는 많은 종류가 있다. 아파트, 빌라, 단독주택, 다가구주택, 오피스텔, 상가, 창고, 농지, 임야 등 일일이 나열하기도 힘들다. 그런데 수많은 종류의 부동산 중에서 가장 기본이 되는 것은 '토지', 즉 '땅'이다.

모든 건물은 토지 위에 각종 건축 관련법과 조례의 제약조건에서 지어진 것이다. 그렇게 지어진 건물은 그 수명이 건축공법이나 자재에 따라 다르지만 '유한'하다. 그 가치는 세월이 지날수록 감가되어 제로에 수렴한다. 그러면 남는 것은 결국 땅밖에 없다.

하지만 특정 지역에서 땅의 크기를 늘릴 수 없다. 부동산학에서는 이를 부동산의 특성 중 '부증성'이라 한다. 이 부증성이라는 특성으로 말미암아 위치의 중요성이 부각된다. 좋은 위치의 땅은 누구나 선호하는데 그 땅을 늘릴 수 없으니 그렇다.

부동산은 종류별로
자기 소유의 땅 크기가 다르다

농지나 임야는 투자금액 전부가 땅값이라고 해도 과언이 아니다. 농지 위에 재배되거나 식재된 나무는 크게 중요하지 않다. 재배되는 식물은 추수해 가져가면 그만이다. 문제가 되는 것은 조경수인데 이것도 옮겨가든지, 가치를 평가해 인수할 수 있으면 협상을 통해 하면 된다.

그 외 건물이 지어진 토지는 집합건물인가, 단독건물인가에 따라 자신의 땅 크기가 다르다. 집합건물은 대체로 단독건물보다 넓은 토지에 지은 건물이지만 건물소유를 여러 사람이 나누어 갖는 형태다. 따라서 각자 배정받은 건물 크기에 비례해서 토지를 지분으로 소유하게 된다. 이처럼 땅을 지분으로 소유하면 소유권행사를 자신이 100% 못하게 된다. 재개발을 하려면 지분 소유자들의 동의가 있어야 가능하다.

그러나 단독주택은 건물이 들어선 땅 모두가 한 사람 소유다. 집합건물 소유자보다 훨씬 큰 땅이 자신의 소유다. 자신이 얼마든지 자신의 의지대로 재개발을 할 수 있다. 부동산투자에서 세월이 지나도 감가되지 않고 영원히 남는 것은 땅이다. 땅의 크기가 부동산투자에서 승패를 좌우한다고 해도 과언이 아니다.

아파트 값이나 빌라 값이 오르든지, 자신이 거주하는 집의 형태가 무엇이든지 상관없다. 가격이 올랐다는 것은 결국 분석해보면 자신이 소유한 땅값이 올랐다는 말로 귀결된다.

아파트 값을 근본적으로 분석해보자. 분석을 위해서 건설사 입장에서 생각해보자. 먼저 아파트를 지으려면 아파트 신축이 가능한 부지를 확보해야 한다. 그 부지에 공원도 만들고 관리사무실, 놀이터 등 부대시설과 아파트를 건설한다. 비용을 나누어보면 첫째는 부지구입비, 둘째는 건물 신축비용, 셋째는 건설사 유지관리비, 넷째는 각종 판매 홍보비, 다섯째는 건설회사 이윤, 여섯째는 취득 및 소유권보존 비용 및 각종 세금 부담금이다. 이런 비용을 모두 합쳐서 분양가격을 산정한다.

건설비용은 지역이 어디든 거의 비슷하게 들어간다. 가장 결정적인 요인은 부지구입 비용인 땅값이다. 서울 강남지역의 아파트 값이 수십억 원을 호가한다. 주변 땅값이 얼마인지 살펴볼 필요가 있다. 땅값이 비싸기 때문이다.

아파트 재건축 투자시
땅값을 꼭 고려해야 한다

'서울 아파트 매매가 3년 연속 하락. 대형 주상복합 직격탄.'

2014년 6월 26일자 한 경제기사의 소제목이다. 서울의 아파트가 격은 2014년 바닥을 찍었다. 이때 아파트보다 주상복합아파트의 하 락폭이 더 크다는 신문 기사다.

한편 이 시기에 '부동산114'에서 조사한 전국 아파트 매매가격 상승률도 비슷하다.

아파트 매매가격 상승률		
연도별	주상복합아파트	전체아파트
2014년	0.84%	3.03%
2013년	−3.24%	−0.14%

그 후 2015년부터 아파트가격이 회복되기 시작해서 2017년까지 서울 강남의 재건축대상 아파트들이 무섭게 상승했다. 국민은행 부 동산시세 자료에 따르면 2017년 한 해 동안에 잠실주공5단지를 비 롯해 반포동 삼호가든5차 등 서울의 주요 재건축아파트는 20% 넘 게 올랐다. 2018년부터 부활한 재건축 초과이익환수제와 정부의 강 력한 대출규제로 인해 겨우 안정을 찾고 있다.

이 사례에서 우리는 하나의 중요한 투자기준을 얻어가야 한다.

경기침체 및 수요공급에 의해서 아파트가격이 하락할 때 주상복합 아파트가격이 왜 더 하락했을까? 의문을 가지고 분석해보자.

주상복합아파트는 한 건물에 상업용도와 주거용도가 혼재된 주 거형태다. 주로 용적률이 높은 상업지역에 지어져서 고층이다. 따라서 대지지분율은 일반 아파트에 비해 매우 적다.

주상복합아파트의 시초는 2004년 삼성물산에서 서울 강남구 도 곡동에 건설한 초고층 주상복합아파트인 '타워팰리스'다. 타워팰리스는 처음에는 미분양이었다. 경기가 회복되면서 완공 후 입주시기에는 대한민국 부의 상징이자 그 지역의 랜드마크가 되었다.

그 후 여러 지역에서 주상복합아파트가 인기리에 분양되었다. 인기를 끌었던 이유는 건물 내에 유통시설, 영화관, 음식점, 운동시설, 병원 등 각종 편의시설이 잘 갖추어져 있기 때문이다. 생활하기에 매우 편리하다.

하지만 단점도 많다. 대부분 탑상형 구조로 설계되어 있어 공간 효율성이 낮다. 외벽이 통유리로 되어 있어서 단열성능과 환기성이 떨어진다. 여름에는 덥고 겨울에는 춥기 때문에 난방비와 에어컨 사용 전기료가 많이 나온다. 음식물 냄새도 쉽게 사라지지 않는다. 재산세나 관리비가 일반 아파트에 비해 1.5~2배는 더 많이 나온다. 그에 비해서 집값 상승은 미미하다.

일반 아파트와 주상복합아파트의 가장 큰 차이는 무엇일까? 그 것은 바로 대지지분의 차이다. 고급자재를 써서 지은 주상복합아파트는 매년 감가상각이 된다. 감가상각이 되지 않는 대지는 오히려 세월이 지나면 오른다. 하지만 대지지분이 적어서 어느 시기에는 건물 감가액이 대지가격 상승분을 상쇄해버린다. 재건축아파트는 오래전에 자리 잡아서 대부분 교통여건이나 학군이 좋다. 그런 지역은 당연히 땅값도 무척 높다. 좋은 환경이 조성된 곳에 새로 아파트가 건립되니까 기대치가 상승한다. 그것이 고스란히 가격에 반영된다.

재건축시에 자신의 자산으로 인정받는 것은 건물이 아니다. 대지 지분밖에 없다. 건물은 오히려 멸실 대상으로 '비용'이다.

우리나라도 1988년 올림픽 개최 이후 급격하게 아파트가 많이 공급되었다. 그 당시 공급된 아파트가 30년이 넘게 되었다. 이제 재건축대상이 된 것이다. 여러 지역에서 재건축 추진위원회가 구성되고 있다.

하지만 아파트 재건축은 땅값이 비싼 지역부터 사업진행이 이루어진다고 보면 틀림없다. 과거 김영삼정부 시절 도심 외곽지역인 준농림지역에 지어진 고층 아파트는 재건축하기 힘들지도 모른다. 땅값이 싼 곳은 건설회사 입장에서도 투자금 회수가 불투명하다고 판단해서 사업 참여를 기피한다. 자본주의 사회에서 이익이 적은 곳에 누가 돈을 투자하겠나? 투자순위에서 당연히 밀린다. 정부에서 인위적으로 정책적인 지원을 하면 기업은 움직일 것이다.

이처럼 아파트 재건축의 핵심은 대지지분이다. 또한 대지가 위치한 지리적 환경과 사회적 환경으로 평가된 땅값이 재건축의 성패와 속도를 좌우한다. 따라서 아파트 투자시에 반드시 대지지분과 그 지역 땅값을 고려해야 한다.

투자 포인트

부동산투자는 결국 '땅'에 투자하는 것이다. 아파트에 투자하는 것도 결국 그 아파트가 위치한 '땅'에 투자하는 것이다. 도심에 내 땅 한 평이라도 더 늘리는 데 집중하라.

다가구주택의 희소가치가
가격을 올린다

도심에서 단독주택 구옥의 숫자가 점점 줄어들고 있다.
그런데 단독주택 구옥을 필요로 하는 사람들은 늘고 있다.

우리가 살고 있는 집 주변을 한번 유심히 살펴보자. 여기저기서 구옥들이 허물어지고 있다. 그 자리에 다세대빌라가 신축되고 있는 건설현장을 자주 목격할 수 있다.

오래된 단독주택들이 하나둘 사라져 가고 있다. 1층, 2층으로 구성된 주택들이 멸실되고 다가구나 다세대빌라로 신축되고 있다. 대상 토지가 가지고 있는 용적률을 제대로 찾기 위한 작업이 계속 되고 있다는 뜻이다. 쉽게 말해 대상 토지에 5층을 지을 수 있는데 2층으로 지어져 있다면, 3개 층을 더 지어서 임대하면 건축비를 충당하고도 수익이 난다는 말이다.

단독주택 구옥의 숫자가 점점 줄어든다는 것은 그만큼 희소가치가 증가한다는 의미다. 여기서 주목할 점은 단독주택 구옥을 필요로 하는 사람들이 늘고 있다는 것이다. 앞으로 그 가격이 어떻게 되겠는가? 당연히 오를 수밖에 없다. 그래서 우리가 단독주택을 달리 보아야 할 이유가 분명해졌다.

단독주택이란
무엇인가?

주택은 크게 단독주택과 공동주택으로 분류한다. 단독주택이라고 칭하는 것에는 4가지 종류가 있다. 우리가 알고 있는 '단독주택'이 있고, 학생이나 직장인 등 다수인이 장기간 거주할 수 있는 구조로 독립된 주거형태가 아닌 '다중주택'이 있다. 또한 주택으로 사용하는 면적이 지하층을 제외한 3개 층 이하이면서 호수별로 나누어 분양이 불가능한 '다가구주택'이 있다. 나머지 하나는 '공관'이다.

공동주택에는 아파트, 연립주택, 다세대주택, 기숙사 등이 포함된다. 아파트는 층수가 5층 이상인 공동주택이다. 연립주택은 연면적이 660m² 초과이고, 층수가 지하층을 제외한 4개 층 이하다. 다세대주택은 연면적이 660m² 이하이고, 층수는 지하층 제외한 4개 층 이하다. 이것은 단독주택 중에서 다가구주택과 달리 개별등기가 가능해서 개인들에게 분양을 할 수 있다. 그리고 공동주택의 마지막 종류로 기숙사가 있다.

이들 주택의 종류 중에서 단독주택에 주목해야 한다. 단독주택의 4가지 종류 중에서 우리가 투자대상이 아닌 '공관'을 제외한 나머지 3가지, 즉 단독주택, 다가구주택, 다중주택에 관심을 가지고 투자의 초점을 맞추도록 하자. 그 이유는 땅의 크기가 공동주택과 비교할 수 없이 크고, 독자적으로 이용가능하기 때문이다.

도심의 땅에
관심을 가져야 하는 이유

일자리가 있어서 사람이 몰리는 도심의 토지를 많이 가지도록 노력해야 한다. 혹자는 지방의 개발지의 땅을 선점해서 개발을 기다려 큰 수익을 올리라고 주장한다. 물론 타당한 이야기일 수 있다.

저렴한 가격으로 큰 면적의 땅을 사놓고 개발이 되면 땅값은 오르는 게 당연하다. 충분히 가능성이 있다. 그러나 국가에서 국책사업으로 하는 개발계획도 제대로 이행되지 않는 경우가 많다. 하물며 민간 기업이 참여하는 개발계획은 도중에 중단되거나 변질될 확률이 높다.

토지투자시 반드시 투자기간을 여유 있게 고려해야 한다. 경기변화나 투자환경이 시시각각 바뀌고, 기업체 나름대로 사정이 바뀌기 때문이다.

그런 곳에 투자할 때는 초기단계에 투자해서 대중이 몰릴 때 수익을 누리고 빠져나오는 것이 안전한 투자다. 개발이 완성될 때까지 마지막 단물을 다 빨아먹겠다고 욕심 부리다가는 귀중한 시간을 낭비할 수 있다. 값비싼 기회비용을 감수하게 된다.

또한 비업무용 토지는 세금 중과문제도 있다. 노무현정부 때 비사업용 토지에 대한 세율이 무려 60%에 달했다. 2007년 1월 1일부터 2009년 3월 15일까지 기간중에 양도한 비사업용 토지는 60% 중과세율을 적용했다. 그러다가 2009년 3월 16일부터 2012년 12월 31일까지 취득한 자산을 양도할 때에는 비사업용 토지라 하더라도 일반세율에 10%를 가산하는 중과세를 유예했다. 즉 기본세율 6~42%를 적용한다.

2016년 1월 1일부터는 양도차익에 따라 기본세율에 10%를 추가해 16~62% 세율로 적용된다. 좋아진 점도 있다. 2015년 12월 31일까지는 비사업용 토지의 장기보유특별공제를 적용하지 않았다. 그러나 2017년 1월 1일 이후 양도하는 비사업용 토지는 취득일부터 기산해 3년 이상 보유하면 10%부터 10년 보유 30%까지 차등해 장기보유특별공제를 받는다.

또 하나 중요한 사항은 투자한 땅에서 수익이 나오지 않는다는 사실이다. 대부분 임야나 전답 상태여서 거기서 나오는 수익은 미미하다. 더욱이 전답을 소유하면서 직접 경작을 하지 않으면 비사업용 토지로 양도세 중과를 감수해야 한다.

도심의 단독주택, 다가구주택, 다중주택에 투자하라

따라서 나는 '땅' 중에서도 도심의 '땅'에 관심이 있다. 도심에 빈 땅이 있겠는가? 도심의 땅 위에 건축된 단독주택, 다가구주택, 다중주택에 투자하라고 권한다. 그 이유를 구체적으로 알아보자.

첫째, 적은 종잣돈으로 투자할 수 있다. 내가 가진 돈이 적어도 여러 가구가 있는 다가구주택을 살 수 있다. 여러 가구에서 나오는 전세보증금을 활용하면 내가 순수하게 투자하는 돈이 아파트나 다세대빌라를 살 때보다 가구 수에 비례해 적게 든다.

예를 들어보자. 2룸 6가구와 주인세대 1가구가 있는 다가구주택을 산 경우다. 내가 거주하는 서울 광진구 구의역 근처 다가구주택의 2룸은 보통 전세가가 1억 5천만 원에서 2억 원 초반인데, 1억 5천만 원이라고 보수적으로 잡자. 6가구를 전세로 임대하면 총 9억 원이다. 대지가 50평이다. 그 지역 2종일반주거지역 땅값이 3.3m²(평당)에 2,200만 원이다. 계산하면 11억 원이다.

20년 이상 된 건물이라 건물 값은 평가 없이 땅값으로만 매입했다. 중개수수료와 취득세, 그리고 리모델링 비용을 합해서 1억 원을 지불했다. 총 지불금액이 12억 원이나 9억 원 전세보증금액을 공제하면 3억 원으로 서울지하철 2호선 구의역 역세권에 위치한 대지 50평의 다가구주택을 매입한 것이다. 주인세대 외 6가구로 구성된 다가구주택이다. 결국 3억 원으로 매입한 주택에 자신이 거주까지 한다.

둘째, 도심의 내 땅을 많이 확보하라. 서울 도심에서 역세권 신축 빌라 시세를 조사해보자. 지역마다 다르겠지만 3억 원으로 신축한 3룸 빌라 한 채를 겨우 살 수 있는 돈이다. 서울 역세권의 아파트는 아주 변두리를 제외하고는 3억 원으로 절대 살 수 없다. 그런데 나는 3억 원으로 서울지하철 2호선 역세권에 대지 50평의 다가구주택을 구입했지 않는가? 도심의 땅 50평이 내 소유가 되었다.

강남의 아파트 한 채를 팔면 이런 주택을 두세 채는 살 수 있다. 두 세 채면 내 땅이 100~150평 확보되는 것이다. 이 땅값이 1년에 3.3m²(평)당 100만 원 오르면 내 재산이 얼마나 오르는가? 1억 ~1억 5천만 원 상승한다. 세월과 동업하는 기쁨을 여러분도 누렸으면 한다.

최근 다주택자 양도세 중과제도가 있으니 장기적인 안목으로 투자해야 한다. 그런 면에서 준공공임대사업자로 등록해서 양도세 면제 혜택을 누리는 것도 좋은 전략이다.

셋째, 건물이 노후화되면 언제든 내가 재건축할 수 있다. 건물은 시간이 지남에 따라 감가상각되는 것은 어쩔 수 없는 숙명이다. 그렇지만 땅은 그대로 남아 있기 때문에 그곳에 재건축을 할 수 있다는 희망이 자란다.

넷째, 내 돈이 모이면 하나씩 월세로 전환해서 임대수익을 누릴 수 있다. 종잣돈이 부족할 때는 대출과 전세보증금의 도움을 받아 취득할 수밖에 없다. 하지만 자금이 모이면 전세보증금을 내주고 월세로 전환하면 안정적인 수입원이 된다.

도심 밖 단독주택, 즉 전원주택은
로망일 뿐이다

단독주택에 관심을 갖고 투자하는 데 있어서 무엇보다도 '어디에 투자할 것인지'가 중요하다. 흔히들 직장에서 퇴직하는 사람들이 도심을 벗어나 한적한 시골로 가서 전원주택을 구입해 유유자적하면서 살기를 바란다. 이는 오늘을 살아가는 대한민국 직장인들의 로망이다.

직장생활을 하면서 충분히 노후를 대비해서 개인연금이나 국민연금 퇴직연금을 충분히 받아서 먹고 사는 데 문제가 없으면 가능한 이야기일 수도 있다. 그러나 먹고 사는 문제가 해결되지 않은 상태에서 전원생활은 낭만이 아니라 고통이다.

귀농도 마찬가지다. 농사가 생계의 수단이 되려면 보통 일이 아님을 명심해야 한다. 오랫동안 농사를 지어온 농민들도 힘들어한다. 부동산투자 측면에서 판단해보면 도심을 벗어난 전원주택에 투자하는 것은 효과 면에서 부정적이다.

그 이유를 열거하면 다음과 같다. 첫째, 지가상승이 도심에 비해 불리하다. 둘째, 전원주택은 각자 취향이 틀려서 매도가 쉽지 않다. 즉 환금성이 떨어진다. 셋째, 나이 들어서는 병원에 갈 일이 많은데 병원 이용이 불편하다.

금융기관 명예퇴직을 앞둔 고객과 상담한 대화내용이다.

"소장님, 퇴직 후 공기 좋은 시골에 전원주택을 구입해서 살고 싶은데 어떻게 하면 좋을까요?"

"네, 좋은 생각입니다. 그동안 30여 년간 직장생활을 하면서 고생하셨으니까 그런 생각이 드시겠네요. 그런데 시골가서 경제활동을 하지 않고도 사는 데 문제가 없나요?"

"네, 어느 정도 모아둔 돈도 있고, 연금 혜택을 받아 풍족하지는 않지만 그럭저럭 살 수 있을 겁니다."

"그러면 이곳저곳 다녀보시다가 마음에 드는 곳에 매물이 있어도 성급히 매수하지 마세요. 우선 그곳에 전세든 월세든 임대해서 살아보세요. 그 지역 주민들과 소통하면서 적응해보세요. 그러면서 진짜 살기 좋은 곳이라고 판단되면 마을 이장을 통해 싸게 나온 물건을 구입하세요. 그렇게 해도 결코 늦지 않습니다. 세상 살면서 돈도 좋지만 자신이 마음 편히 건강하게 사는 것도 중요하니까요."

내가 상담한 고객은 퇴직 후 욕심 부리지 않으면서 돈 걱정 없이 살 수 있는 분이었다. 과연 대한민국에서 이런 분들이 얼마나 될까? 여러분들은 어떤가?

투자 포인트

내 땅을 내 마음대로 쓸 수 있는 단독주택에 관심을 갖자. 그 중에서도 도심에 집중하라. 흔히 사람들이 은퇴 후의 로망으로 삼는 전원주택은 경제적으로 여유 있는 사람만이 누릴 자격이 있음을 명심하자.

가진 돈이 부족하면
다가구주택이 답이다

자신의 투자금이 가장 적게 드는 부동산은 다가구주택이다.
향후 지가상승이 기대되는 곳에 길게 보고 투자하자.

부동산투자를 한다고 하면 대부분 돈이 많이 투자된다고 생각한다. 그러나 어떤 부동산에 투자를 하고 어느 지역을 선택하느냐에 따라 적은 돈으로도 투자할 수 있다. 더욱이 전세보증금을 안고 매입한 다든지 저금리 대출을 활용하면 순수하게 자신의 투자금을 최소화 할 수 있다.

사회초년생들은 직장생활을 하면서 단돈 몇 천만 원이라도 종잣 돈을 빨리 모으는 것이 중요하다. 종잣돈이 모이면 다른 투자수단 보다 안전한 주거용 부동산에 투자해야 한다.

주거용 부동산 중에서도 자신의 투자금이 가장 적게 드는 것은 다가구주택이다. 주어진 땅 위에 가장 많은 다가구가 건설된 것일수록 투자금을 최소화할 수 있다.

많은 부동산 중에서도 2년만 보유하면 1가구 1주택 비과세 혜택을 보는 주거용 부동산을 매매하길 권한다. 하지만 2017년 8·2부동산대책으로 조정대상지역에서는 2년 거주 요건이 부활되었다. 그러니 처음에는 전세보증금을 안고 일단 매수했다가 매도하기 전에 2년 거주 요건을 맞추어 양도세 비과세 혜택을 누리면서 차익을 실현하길 반복해야 한다.

다가구주택이
좋은 이유를 알자

주변에 대지면적이 50평 내외에 지어진 주택에 여러 집이 살고 있으면, 대부분 다가구주택이라고 보면 된다. 그 이상의 대지면적에는 보통 건축업자들이 다세대주택을 지어서 일반인들에게 분양을 하는데, 흔히 '빌라'라는 명칭을 사용한다.

나는 자신의 땅을 최대한 가질 수 있는 다가구주택을 사길 권한다. 건축업자들이 분양하는 다세대주택을 분양받는 것은 토지소유 측면에서 보면 전체 토지 중에서 일부의 대지지분만 소유하는 것이다. 오랜 시간이 지나서 재개발이 되면 그 대지지분이 빛을 발하지만 그 전에는 건물 사용가치만 가격에 반영된다.

다가구주택은 주어진 대지 위에 보통 3~5층으로 지어져 있다. 건축 연도에 따라 2층, 3층으로 지어진 것도 있고, 4층에 옥탑방이 있기도 하다. 20년 이상 오래된 것은 반지하층도 있다. 최근에 지어진 것은 1층은 필로티구조로 주차장으로 쓰고, 2~5층은 주택으로 구성되어 있다. 가구 수를 보면 최소한 3가구에서 많게는 9가구까지 있다. 물론 원룸으로 구성하면 숫자는 더 많을 것이다. 최소한 2룸 이상 가구로 보면 그렇다는 것이다.

다가구주택을 추천하는 이유가 여기에 있다. 여러 가구를 전세로 놓으면 내가 한 가구에 살면서 이자 없는 타인 자본인 전세보증금을 이용해 대지 50평 내외의 내 건물을 가질 수 있는 것이다.

입지가 양호한 서울이나 대도시 역세권의 땅값은 그 희소가치로 인해 매년 물가상승률보다 더 가격이 상승했다. 종잣돈이 부족한 사람에게는 다가구주택이 아주 좋은 투자수단이다.

다가구주택에 대한
편견을 버려야 한다

주변 지인들에게 다가구주택을 추천하면 일단 절대금액에서 지레 겁먹고 기피한다. 전세임대가 나가지 않으면 곤란한 상황을 상기하면서 부정적 생각으로 투자를 꺼린다.

생각을 전환해야 한다. 다가구주택에 투자하는 것은 도심의 땅에 투자하는 것이다. 다가구주택은 '전세보증금'이란 남의 돈으로 도심의 내 땅을 최대한 큰 면적으로 확보하는 가장 효과적인 방법이다. 불경기일수록 인구는 도심으로 집중된다. 그래서 도심의 땅값은 계속 상승할 수밖에 없다. 따라서 다가구주택 투자는 가진 돈이 부족할수록 욕심내야 하는 현명하고 실속있는 투자 방법이다.

투자금액이 많은 사람들은 다가구주택 여러 채를 갭투자로 구입해 임대사업자로 등록해서 각종 세제 혜택을 받으며 투자하는 것도 좋은 방법이다. 흔히들 아파트만 갭투자하는 줄 안다. 다가구주택과 외양은 같지만 개별등기가 되는 다세대주택 1동을 통째로 매수해서 장기투자하라. 2018년 12월 31일까지 한시적으로 10년간 준공공임대사업자로 등록해 임대하면 양도소득세 100% 면제 혜택이 주어진다. 향후 지가상승이 기대되는 곳에 길게 보고 투자한다면 큰 투자수익을 거둘 것이다.

▌ 투자 포인트

가진 돈이 부족하다고 해서 투자를 멈추지 마라. 도심의 다가구주택에서 기회를 찾자. 다세대주택 1동을 통째로 매입해서 준공공임대사업자로 등록해 양도세 절세를 하는 방법을 적극 추천한다.

문재인정부의 부동산정책을
잘 따르는 투자다

아파트 한 채 살 돈으로 다가구주택을 사면 1세대 1주택이다.
1주택 소유자이지만 여러 가구를 임대할 수 있는 장점이 있다.

문재인정부가 출범하면서 4개월이 지나는 시점에 무려 3차례의 부
동산 대책이 연이어 쏟아졌다. 그 중에서도 8·2부동산대책은 세제,
금융, 청약, 재개발·재건축 관련 규제를 총망라한 강력한 대책이다.
규제받는 지역에서는 그 효과가 나타나고 있다.

문재인정부에서는 다주택자들을 부동산시장을 교란시키는 '투기
자'로 규정하고 있다. 본인이나 가족이 거주하는 주택 외 주택을 여
러 채 가지고 있는 자는 2018년 3월 말까지 매도하라고 유도한다.
아니면 임대사업자 등록을 하라고 권고한다. 그렇지 않으면 양도소
득세를 중과세한다.

부동산가격이 많이 상승한 '조정 대상지역'에서는 2주택자는 기본세율 외에 10%포인트를, 3주택자는 20%포인트 가산세를 부과하고 장기보유특별공제 적용을 받을 수 없다. 또한 이 지역에서는 1가구 1주택자도 2년 거주 요건을 갖추어야 양도소득세 비과세 혜택을 받을 수 있다.

한편 자기자본이 부족한 사람이 주택을 구입할 때 반드시 이용하는 것이 은행대출이다. 그런데 문재인정부의 8·2부동산대책에서는 주택담보대출비율(LTV)와 총부채상환비율(DTI)을 40%까지 강화했다. 이는 박근혜정부 2기 경제팀이었던 최경환 장관 때 LTV와 DTI를 각각 70%와 60%로 완화한 것에 비하면 크게 강화된 것이다. 문재인정부 출범 이후 첫 부동산 대책인 6·19부동산대책에서 LTV와 DTI가 각각 60%와 50%로 강화된 것보다 더 대출을 줄인 것이다. 더구나 투기과열지구 다주택자는 LTV, DTI 적용이 30%로 더욱 강화된다.

앞으로도 보유세 강화 카드가 더 남아 있다. 보유세 강화는 다주택자들에겐 고통스러운 사안이다. 문재인정부에서 공약한 복지정책을 실현하려면 부자들과 법인에게 세금을 더 많이 거두는 정책으로 갈 수밖에 없는 상황이다.

규제가 강화될 문재인시대에는
다가구주택이 답이다

문재인정부에서는 집을 여러 채 보유하면 세금 문제에 직면한다. 정부정책에 순응하면서 나의 자산을 안전하게 늘려갈 수 있는 방안을 찾아야 한다. 이에 따른 2가지 방법을 생각해본다.

첫째, 여러 채로 나눠서 투자한 집들을 모아 똑똑한 집 한 채에 집중하라. 그동안 이곳 저곳 투자해둔 집들을 정리해서 좋은 자리에 위치한 제대로 된 집 한 채를 갖길 권한다. 그렇다면 자신이 거주하면서 여러 가구를 임대할 수 있는 다가구주택이 답이란 것을 알 수 있다.

아파트 한 채 값으로 다가구주택을 매입하면 1세대 1주택이다. 1주택 소유자이지만 여러 가구를 임대할 수 있는 장점이 있다. 즉 안정적인 수익형 부동산인 것이다. 나는 이 부분을 강조하고 싶다.

자신이 오래 거주할 생각이면 '준공공임대사업자'로 등록할 필요가 있다. 10년간 임대하면 양도소득세부문에서 장기보유특별공제 혜택이 주어진다.

임대인은 임대기간 중에 5% 이상 임대료를 올릴 수 없다는 단점을 제기한다. 하지만 이건 반만 맞는 말이다. 내가 경험한 바로는 임대를 전세로 했을 때만 불편함이 있다.

월세로 놓았다면 2년에 5%씩 임대료를 올릴 수 있는 곳이 드물다. 대부분 월세를 올릴 수 없는 것이 현실이다. 저금리로 인해 월세 받는 임대주택 공급이 많기 때문이다. 우리 주변에서 보이던 단독주택들은 다들 신축되어 원룸이나 투룸을 임대하는 주택으로 바뀌고 있다.

기왕 여러 채라면
임대사업자로 등록하자

둘째, 기왕 여러 채라면 임대사업자로 등록하자. 자신이 주거하는 집과 임대사업체를 나누어 관리하자. 임대사업의 대상이 되는 주택은 이왕이면 세금 혜택을 볼 수 있는 소형으로 구성하는 것이 바람직하다.

다음 도표는 다솔세무법인에서 작성한 자료다. 이 표를 보면 면적별 세금 혜택이 다르다는 것을 알 수 있다. 즉 소형일수록 혜택이 많은 것이다.

2017년 주택임대사업자 세금 혜택(의무사업기간 : 매입임대 4년, 준공공임대 8년)						
구분	전용면적(㎡)					비고
	40 이하	40~60	40~60	60~85	85~149	
취득세	미등록 임대	無	無	無	無	공동주택 건축 또는 공동주택, 오피스텔을 최초로 분양받은 경우에 한정 - 60㎡ 이하 : 공동주택, 오피스텔을 취득 - 60~85㎡ : 장기임대(8년 이상)를 목적으로 20호 이상 취득 또는 20호 이상 보유자가 추가 취득시
	매입 임대	100%	100%	25%	–	
	준공공 임대	100%	100%	50%	–	▲ 2018년 12월 31일까지 60㎡ 이하 : 취득세 200만 원 초과시 15%(최소납부), 취득세 200만 원 이하 면제
재산세	미등록 임대	無	無	無	無	공동주택 건축·매입, (주거용) 오피스텔 매입 - 2세대 이상 임대목적에 직접 사용
	매입 임대	100%	50%	25%	無	
	준공공 임대	100%	75%	50%		▲ 2018년 12월 31일까지 준공공임대 40㎡ 이하 : 재산세 50만 원 초과시 15%(최소납부), 재산세 50만 원 이하 면제
양도 소득 금액 장기 보유 특별 공제율	미등록 임대	2주택자 최대 30%(10년) 3주택 이상 해당 없음				장기보유특별공제 주택보유기간에 따라 차등적용 3~4년 : 10% 4~5년 : 12% 5~6년 : 15% 6~7년 : 18% → 20% 8~9년 : 24% → 30% 9~10년 : 27% → 35% 10년 이상 : 30% → 40%
	매입 임대	주택보유기간에 따라 최대 40%(10년)				
	준공공 임대	최대 70%(10년)				10년까지는 위와 같으나, 8년 이상은 50%이고, 10년 이상부터는 70%

양도 소득세	미등록 임대	1년 이상 보유시 일반세율(6~42%)	1호 이상, 4년 이상 임대	
	매입 임대	1년 이상 보유시 일반세율(6~42%)		
	준공공 임대	1년 이상 보유시 일반세율(6~42%)	2018. 12. 31까지 신규취득 후 준공공임대 등록시 양도세 100% 감면	
종합 부동산세	미등록 임대	합산	임대개시일 당시 기준시가 6억 원 이하 (초과시 합산) 수도권 밖 3억 원 이하/1호 이상, 4년 이상 임대, 2018. 4. 1 이후 8년 ▲ 9월 16~30일 사이에 합산배제신고 필수	
	매입 임대	합산배제		
	준공공 임대	합산배제		
소득세 법인세 감면	미등록 임대	無	無	기준시가 3억 원 이하(오피스텔 포함) 3호 이상, 4년 이상 임대
	매입 임대	50%	無	
	준공공 임대	75%	無	

투자 포인트

문재인정부의 부동산정책은 '다주택자에 대한 세금중과'이다. 자신이 거주하면서 임대사업을 할 수 있는 것은 다가구주택이 최고다. 그렇지 않으면 자신이 사는 집 외에 소형 다세대주택을 통째로 매수해 준공공임대사업자가 되면 양도세 절세 효과가 탁월하다.

아파트와 다가구주택의
수익률 차이는 꽤 크다

오직 자산증식에 초점을 맞추어 둘을 비교해보자.
수익률 차이가 너무 크다는 사실에 깜짝 놀랄 것이다.

주거문제를 해결하기 위해서는 집을 사거나 임대해서 살아야 한다. 임대해서 산다면 주거와 생활의 편의성을 따지고 임대료만 고려하면 된다. 향후 집값이 오르고 내리는 것은 임차인과는 상관없다. 문제는 집을 매입해서 살 때이다.

집을 매입할 때는 지금의 사용가치와 미래가치를 아울러 고려해야 한다. 어떤 종류의 집을 살 것인지 고민해보자.

각자 나름대로 자신이 처한 입장이 다르다. 부모님을 부양하기 위해 공기 좋은 산이나 공원 근처 주택을 선호할 수 있다. 자녀 교육을 위해서 학군이 좋은 지역의 아파트를 선택할 수도 있다. 맞벌이 부부여서 직장이 가까운 지역의 아파트를 좋아할 수도 있다. 여기에서는 다른 여건을 고려하지 않고 오직 자산증식에 초점을 맞추어 판단해보자.

단독주택과 집합건물의
놀라운 수익률 차이

앞에서는 주택을 자신의 건물이 땅을 온전히 가진 '단독주택'과 지분으로 나누어 가진 '집합건물'로 분류해보았다. 단독주택 중에서도 다가구주택과, 집합건물 중에서도 아파트에 대해 지금까지와 다른 현실적인 모든 요인을 감안해서 가격변화를 분석해보자. 비교의 정확성을 담보하기 위해 같은 지역에서 사례를 구했다.

다가구주택   A아파트   B아파트

	다가구주택	A아파트	B아파트
구분	단독주택(다가구주택)	아파트	
소재지	서울 광진구 구의동 252-000	서울 광진구 자양동 A아파트 17층(25평형)	서울 광진구 자양동 B아파트 3층(25평형)
투자액	3억 5천만 원	3억 5천만 원	3억 5천만 원
매입일	2006년 10월	2006년 10월	2006년 10월
건축 년도	1976년	1998년	1988년
규모 및 특징	대지 : 113.4m^2 연면적 : 67.77m^2 준주거지역 2호선 구의역 역세권 연면적 : 287.8m^2 신축(2010년 10월)	대지지분 : 21.94m^2 공급 : 83.82m^2 전용 : 59.94m^2	대지지분 : 33.10m^2 공급 : 78.63m^2 전용 : 59.91m^2
평가액 (2017.10월)	15억 원 (차익 : 11억 5천만 원)	5억 8천만 원 (차익 : 2억 3천만 원)	5억 5천만 원 (차익 : 2억 원)
임대 수익	보증금 : 4억 6천만 원 (재건축비용으로 갈음) 월임대료 : 180만 원	0	0
누계 현금 흐름	보증금 상승분 : 1억 2천만 원 임대료 누계 : 1억 5,120만 원	0	0

위 표는 동일한 시점에 같은 지역에서 단독주택 구입자와 아파트 구입자와의 자산가치가 10년이 지난 후 어떻게 변화했는지를 보여 준다. 실제로 단독주택은 내가 구입한 것을 사례로 들었다. 또한 비교 아파트도 실제로 내가 전세로 살았던 아파트다.

2006년 구입 당시를 기준으로 보면 매입가격은 3억 5천만 원으로 동일하다. 실제로는 단독주택 매입 당시 비교대상지 A아파트

35평형에 전세로 살고 있었다. 전세보증금 2억 원과 잔금 대출금 1억 5천만 원으로 단독주택을 구입했다. 그러나 여기에서는 대출금은 다 같은 조건이므로 무시했다.

2006년 당시 땅값은 평당 1천만 원이었다. 그러나 2017년 이 지역의 땅값은 아파트부지는 3천만 원 정도이고, 단독주택지는 3,300만 원으로 평가된다. 단독주택은 시세 차액 11억 5천만 원이다. 여기서 이렇게 큰 차익을 올린 원인은 구입 후 4년 만에 4억 원을 들여 재건축을 했기 때문이라고 생각한다.

이는 비교대상이 단독주택이기 때문에 재건축을 자신이 독자적으로 할 수 있다는 것을 보여준 것이다. 그 외에도 7년간 임대료 누계 합계분이 1억 5,120만 원이 발생했다. 그것뿐만이 아니다. 임대 보증금 인상분이 1억 2천만 원이다. 반면에 아파트는 2억 원에서 2억 3천만 원 차액이 발생했다. 이처럼 단독주택과 아파트 간에는 자산가치 상승분에서 놀라운 차이가 발생했다. 가장 큰 이유는 땅지분의 차이로 인한 땅값 상승분과 재건축 차익이다.

앞 표에서 사례로 든 같은 아파트를 가지고 좀더 생각해보자. A아파트는 건축한 지 20년 되었고, B아파트는 30년 되었다. 대지지분은 A아파트는 6.6평이고, B아파트는 10평이다. 이제 B아파트는 재개발 가능 연한이 되었다. 오래된 아파트라서 주차공간이 부족하다. 한편 A아파트는 좀더 새것이고 주차장이 잘 갖추어져서 생활하기에 편하다. 그것이 가격에 반영되어 있다.

하지만 시간이 지나면 재개발 이슈가 있는 B아파트가 가격이 상승할 여지가 더 있다고 분석한다. 아마 두 아파트의 건축년도가 같다면 대지지분이 3.4평 많은 B아파트 시세가 더 높을 것이다. 이처럼 아파트에서도 시간이 지나면 감가상각되지 않는 대지지분이 중요하다.

이 사례에서 든 단독주택에 대해 좀더 알아야 할 중요한 사실이 있다. 비교대상 단독주택을 매입 후 4년이 지나서 2010년에 멸실하고 지상 6층 건물로 신축했다. 여기서 신규로 투입된 4억여 원은 상기 표에서 '임대수익' 부문에서 보증금 4억 6천만 원으로 갈음하는 것으로 분석했다. 즉 단독주택은 자신이 마음만 먹으면 언제든 재건축을 할 수 있다는 사실을 증명했다.

| 단독주택 신축 전 | 단독주택 신축 후 |

아파트는 재건축이 언제 될지 알 수 없다. 자신의 의지로 결정되는 것이 아니기 때문이다. 하지만 단독주택은 자신이 마음만 먹으면 언제든 재건축을 할 수 있다.

내가 산 물건의 가치를
스스로 향상시키자

앞서 표에서 사례로 든 B아파트는 준공된 지 30년 되어 재건축추진위원회가 구성되고 활동할 것이다. 하지만 재건축이 완료되기까지는 10년이 걸릴지 그 이상이 걸릴지 알 수 없다.

반면에 단독주택은 30년된 구옥을 구입해서 4년 후 멸실하고 재건축을 했다. 즉 내 의지로 '전세보증금'이란 무이자 타인 자본을 통해 내 자산가치를 증대시켰다. 바로 이 점이 비교대상 물건 간에 처음 구입시 가격과 현재의 가격이 현저하게 차이가 나게 된 이유다. 부동산투자를 하면서 내가 산 물건의 가치를 내 스스로 향상시킬 수 있다는 점은 매우 중요하다.

이런 현상을 자신이 거주하는 곳에서 각자 사례를 구해서 한번 비교 분석해보길 바란다. 그렇게 해야 더 실감이 난다.

아파트는 비슷한 위치에 동일 조건을 가지고 비교하면 대부분 유사한 결과가 나온다. 그러나 어떤 단독주택을 가지고 비교하느냐에 따라서 편차가 있을 수 있다. 그런 결과는 단독주택을 구입하면서 얼마나 가치 있는 것을 저렴하게 구입했는가에 따른 것이다. 하지만 큰 흐름은 바뀌지 않는다.

결국 자신이 거주하고 남은 다른 공간을 임대로 활용할 수 있는가 없는가에 따라 성패가 좌우된다. 단독주택, 즉 다가구주택은 전자에 속하고, 아파트는 후자에 속한다.

신문이나 언론 및 각종 인터넷매체에서 단독주택과 아파트가격을 비교할 때 단순 매매가격 추세만 분석하는 경우가 있다. 임대료와 함께 다면적으로 분석한 자료는 잘 보지 못했다. 그 이유는 크게 2가지다. 첫째는 비교대상을 고르는 문제가 있고, 둘째는 단순 비교가 곤란하다는 점이다. 그래서 부동산 전문가들조차 공식적으로 비교통계를 밝힐 수 없었던 것이다.

단독주택은 입지와 개별물건에 따라서 현재 가격이나 미래가치가 다 다르다. 잘 고르지 않으면 아파트보다도 오히려 투자수익률이 떨어질 수 있다. 앞서 표에서 예를 든 것처럼 단독주택 중에서 효율적으로 재건축을 할 수 있는 물건을 골라야 한다. 그러기 위해서는 부지런히 발품을 팔아야 하고, 스스로 공부도 해야 하며, 전문가의 조언도 함께 구해야 한다. 자신이 모든 영역을 다 공부하려면 현실적으로 불가능할 뿐만 아니라 귀중한 시간과 투자 타이밍을 놓칠 수 있다는 점을 명심해야 한다.

투자 포인트

단독주택과 아파트의 투자수익률은 각자 주변 사례를 가지고 분석해보라. 면밀히 분석해본 결과, 단독주택의 수익률이 좋다는 결론이 나온다면 바로 실행에 옮겨라.

다가구주택이 좋다는 걸 알았다면 어떤 물건을 사야 하는지 고민이 된다. 그 해결책을 2장에서 다루었다. 다가구주택의 여러 형태를 하나씩 살펴보았다. 도심의 다가구주택뿐 아니라 신도시 상가주택과 도심의 상가주택을 고르는 방법도 소개했다. 이 장을 읽고 나면 자신에게 맞는 다가구주택이 무엇인지 찾을 수 있는 혜안을 가질 것이다.

2장

다가구주택,
어떤 물건을 사야
돈이 되나?

확장성 있는 단독주택은
숨은 진주다

대부분 가까운 장래에 신축을 전제로 단독주택을 매입한다.
그러므로 신축하기 좋은 조건을 갖춘 것이 좋은 물건이다.

주택은 단독주택과 공동주택으로 나눌 수 있다. '다가구주택'은 그 중 단독주택에 속한다. 앞서 말했듯 단독주택에는 크게 4가지가 있다. 첫째는 우리가 흔히 말하는 '단독주택'이다. 둘째는 학생, 직장인 등 다수인이 장기간 거주하는 구조이면서 독립된 주거형태가 아닌 '다중주택'이다. 셋째는 위에 언급한 '다가구주택'이다. 넷째로 '공관'이 있다.

'단독주택'도 엄밀히 따지면 단층으로 지어진 것도 있고, 2층 건물도 있다. 즉 단층으로 된 것도 주인거주세대와 세입자에게 임대할 수 있는 공간으로 구성된 경우가 있다. 그러면 결국 1가구 이상 거주할 수 있으니까 다가구라고 볼 수 있다.

이런 단독주택은 도심에서 점점 사라져가고 있다. 대부분 다세대 빌라로 재건축되어졌기 때문이다. 그래서 도심의 단독주택은 더욱 희소가치를 발한다. 여기서는 우리가 흔히 알고 있는 '단독주택'에 대해 자세히 살펴보자.

단독주택은 도심에서
신축에 필요한 원재료다

도심에 존재하는 단독주택은 요즘 귀한 존재다. 가끔 눈에 띄는 단독주택을 보면 대부분 지은 지 30년은 족히 된 것이 대부분이다. 겉을 보면 '빨간 벽돌집'이다.

앞으로 10년 내에 '빨간 벽돌집'이 거의 사라진다. 왜냐하면 해당 용도지역에서 용적률을 제대로 활용하지 못하고 건물이 지어졌기 때문이다. 쉽게 말하면 현행 건축법으로 재건축하면 건물의 전체 연면적을 증가시켜서 사용할 수 있다는 말이다. 누군가 매입해서 신축하면 부가가치가 창출되는 물건인 것이다.

구체적으로 살펴보자. 지역에 따라 조금씩 차이는 있지만 2종일반 주거지역에서는 건폐율 60%에 용적률 200%가 대부분이다. 만약 그 지역에 단층집 구옥이 있다면 주차장을 필로티구조로 해서

5층 건물로 지을 수 있다. 그만큼 더 늘어난 공간을 임대해줄 수 있다. 자연히 과거 구옥보다 수익률이 좋아진다. 그러다보니 오래된 구옥인 '빨간 벽돌집'들이 다가구나 다세대빌라로 탈바꿈하는 것이다.

단독주택 매입시
명심해야 할 고려사항

대부분 가까운 장래에 신축하는 것을 전제로 단독주택을 매입한다. 그런 이유 때문에 신축하기 좋은 조건을 갖춘 것이 좋은 물건이다.

그러면 신축하기 좋은 물건에 대해 알아보자. 첫째, 입지가 좋아야 한다. 둘째, 면적이 적당해야 한다. 셋째, 도로와의 관계가 좋아야 한다. 넷째, 향이 좋아야 한다. 다섯째, 용도지역이 맞아야 한다. 이 5가지 항목을 하나씩 살펴보자.

입지가 좋아야 한다

부동산투자를 함에 있어서 입지의 중요성은 아무리 강조해도 지나치지 않다. '어느 곳에 투자할 것인가'가 중요하다는 말이다. 앞에서 말했듯이 부동산에는 '부동성'이라는 특성이 있다. 즉 위치는 고정된 것이므로 움직일 수 없다. 자신이 투자한 부동산의 위치가 사람들이 몰리는 도심인지 아닌지, 역세권인지 비역세권인지 등에 따라 투자한 부동산의 향후 가치상승 정도가 판이하게 달라진다.

1년이 지나도 10년이 지나도 가격상승이 별로 없는 지역이 있는가 하면, 몇 년 사이에 몇 배 상승하는 지역도 있다. 주변 여건이 호전되어 발전 가능성이 있는 지역을 선택해 투자해야 한다. 국가나 지자체 혹은 자신의 땅 주변에 다른 소유주가 개발을 함으로써 자기 땅값을 올려주는 곳이 이상적이다.

면적이 적당해야 한다

단독주택에 투자한다는 것은 보통 건축한 지 오래된 구옥에 투자하는 것을 말한다. 구옥에 투자한다는 것은 신축을 전제로 한다.

신축시 일정 규모 이상의 면적이 확보되어야 주차장을 만들 수 있다. 독자적으로 신축이 곤란한 규모의 대지를 매입하면 장차 자신의 독자적 재산권 행사에 제약이 따른다. 따라서 이런 소규모의 대지위에 지어진 구옥을 살 때는 인접대지와의 공동개발을 반드시 고려해야 한다.

인접대지에 건물이 용적률 상한까지 지어져 있다면 공동개발이 불가능하다. 자신의 매입 토지를 독자적으로 개발할 수밖에 없다. 아니면 리모델링해서 사용하는 수밖에 없다. 향후 미래가치의 한계가 보이는 물건이다.

반대로 인접대지에 구옥이 있으면 장차 내가 그 물건을 매입할 수도 있고, 내 물건을 팔 수도 있다. 그 물건을 매입해 서로 합해서 적당한 규모로 신축할 수 있으면 시너지효과를 충분히 누릴 수 있게 된다.

도로와의 관계가 좋아야 한다

흔히들 오래된 단독주택을 살 때 건축업자들이 선호하는 것이 있다. 바로 북쪽으로 도로를 접한 단독주택이다. 그런데 북쪽으로 도로를 끼고 있어도 도로 폭이 일정규모 이상이어야 한다. 그 규모는 4m를 기준으로 한다. 왜냐하면 북쪽으로 도로를 끼면 일조권 영향을 덜 받기 때문이다.

도심에서는 건축법에 정북방향에서 일정거리를 두고 건축하게 되어 있다. 그렇다고 도로가 너무 넓으면 교통량이 많아서 주거여건이 좋지 않게 된다. 주택가는 6m 도로가 적당하다.

한편 막다른 골목길에 접한 땅은 구입할 때는 주의가 필요하다. 다음 도표를 참조해보자.

막다른 골목길의 길이	골목길의 너비
10m 미만	2m 이상
10~35m	3m 이상
35m 이상	6m 이상 (도시지역이 아닌 읍·면지역은 4m 이상)

앞 도표에서처럼 막다른 골목길에서는 골목길의 깊이에 따라 일정 너비 이상의 도로를 확보해야 한다는 점을 주의해야 한다.

얼마 전 대학친구가 사무실을 찾아왔다. 그는 주변 시세보다 싸게 매입했다고 좋아하며 나에게 물건을 자랑했다. 즉시 온나라 부동산 정보 종합포털을 통해 '토지이용계획도'를 조회해보고, 나는 이 물건에 문제가 있다는 것을 직감적으로 알았다. 막다른 골목의 길이가 생각보다 길었기 때문이다. 인터넷 포털 '다음'에서 지도서비스를 활용해 골목길 총 거리를 측정하니 40m는 되었다. 앞 도표에서 보면 자기 앞 도로너비가 3m라면 추가로 3m를 후퇴해서 집을 지어야 한다는 말이다. 자신의 땅이지만 쓸모없는 땅이 발생된다.

그 땅 면적을 포함해서 매입가를 재산정해보니 오히려 주변 시세보다 비싸게 산 셈이었다. '미리 전문가들의 조언을 구했다면' 하는 아쉬움이 들었다.

향이 좋아야 한다

향은 도로와의 관계와도 밀접한 사항이다. 우리나라는 지구 북반부에 위치한다. 남향으로 지은 집은 햇볕이 잘 들어서 겨울철 난방비가 절감되는 효과가 있다. 그래서 옛날부터 남향집을 선호했다. 남향으로 건물을 지어도 주변에 있는 큰 건물에 가려서 햇볕이 잘 들지 않을 수도 있다. 실제 주변 건물과의 조화를 꼼꼼하게 살펴야 한다.

그런데 대지활용도 면에서는 북쪽으로 도로를 낀 대지가 일조권 사선제한을 덜 받아 용적률을 잘 활용할 수 있다. 남쪽으로 타인의 대지가 있다면 남향집을 짓는 데 불리한 측면이 있음에도 그렇다. 하지만 택지개발지구에서는 지구단위계획에 따라 다르지만 대부분 도심과 반대로 남쪽에서 일조권 적용을 받는다. 이때는 남향으로 멋진 집을 지을 수 있다.

용도지역이 맞아야 한다

누군가 구옥을 매입해 멸실하고 상가주택을 신축하려고 한다고 해보자. 그런데 자신이 매입한 토지가 1종 주거지역이라면 의도한 상가주택을 지을 수 없게 된다. 용도지역별로 허용되지 않는 업종도 있다. 돈을 들여서라도 건축사에게 가설계를 제대로 받고 매입하는 자세가 필요하다.

> **투자 포인트**
>
> 입지가 좋으며, 향도 좋고, 도로여건이나 면적이 적당한 단독주택은 무한한 잠재력을 가진 진주라고 할 수 있다.

좋은 물건은 욕심내서라도
반드시 잡아라

열심히 공부하고 발품 팔아서 좋은 물건을 찾았으면,
부채라도 내서 재산증식에 활용하는 용기가 필요하다.

단독주택 중에서 가구 수가 가장 많은 것이 다가구주택이다. 물론
원룸주택이나 다중주택이 가구 수로 보면 더 많을 수 있다. 이 두 주
택은 가장 작은 공간에 1인 가구가 거주하는 형태이다.

신혼부부나 가족이 있는 사람들이 거주하는 공간으로 다가구주
택이 일반적이다. 다가구주택은 주택이 3개 층으로 구성되어 있다.
독립된 주거공간이 확보되어 있지만 각 개인이 분할해서 소유권등
기를 할 수는 없다. 구분등기가 되지 않아 분양하는 주택이 아니다.
세대별로 개별로 소유권 등기를 할 수 있는지 없는지 그 여부를 가
지고 다가구와 다세대를 구분한다.

개별등기가 되지 않아 토지와 건물이 모두 한 사람의 소유로 된 다가구주택은 단독주택에 속한다. 건물에 여러 가구가 살지만 소유주는 한 사람이다. 바로 이런 점이 부동산투자를 하는 우리들이 각별히 눈여겨볼 대목이다.

다가구주택은 구입시
자신의 자본금이 최소로 투자된다

건축된 지 20년 정도 된 다가구주택은 매매 관행상 건물가격은 제로로 산정해서 거래된다. 즉 땅값만 계산한다. 그런데 건물 관리상태에 따라서 땅값만 주고 구입한 다가구주택을 수리만 하면 사용가치를 몇 십 년 연장할 수 있다. 비용 대비해 아주 효과적이다.

리모델링을 하는 동안 기존 세입자 보증금반환 비용과 리모델링 비용을 2~3개월 부담할 수 있는 능력이 있어야 한다. 리모델링해서 재임대하면 비용 대비 보증금을 더 많이 받을 수 있다.

그러면 궁극적으로 다가구주택 건물 한 채를 구입하는 데 비용이 적게 든다. 웬만한 아파트나 빌라 구입비에도 못 미치는 물건도 있다. 왜 그럴까? 그 이유는 다음과 같다.

보통 다세대는 1~3층으로 지었다. 1990년대에 지은 다가구주택은 반지하에도 가구가 구성되어 있다. 옥탑방을 꾸민 곳도 많다. 반지하에 2세대가, 1층에서 3층까지 각 2세대가 거주할 수 있는 공간이 있다.

보통은 주인세대를 넓게 쓰기 때문에 아예 3층을 주인세대로 한다. 결국 주인세대를 제외하고 7세대 내지 8세대를 임대할 수 있다. 거기다 옥탑방이 있는 곳은 임대가능 가구가 한 세대 더 늘어난다. 이렇게 자신이 거주하는 세대 외에 다른 세대를 임대해 타인자본을 활용할 수 있기 때문이다.

몇 해 전 지인이 대지 45평 다가구주택을 매입한 것을 사례로 들어보겠다. 대지 45평에 지하 2룸 2가구, 1층 2룸, 2층 3룸 주인거주, 3층 3룸, 옥탑방 1룸으로 구성되어 있는 25년 된 다가구주택을 매입했다. 3.3m²(평)당 1,950만 원에 매수했다. 중개수수료 취득세 및 법무사 비용을 합해서 3천만 원을 지불했다. 매입비는 9억 1천만 원이다.

매입 후 세입자들의 만기일이 다 달랐지만 이주비를 지원해주면서 퇴거시켰다. 전체 리모델링을 하기 위해서였다. 모든 배관과 전기 및 통신선을 교체했다. 특히 지하 누수와 습기 제거를 위해 신경을 썼다.

한두 달이면 끝날 것 같았던 리모델링 공사는 3개월이 걸렸다. 수리비 총액은 1억 5천만 원이다. 수리비까지 포함해 총 10억 6천만 원이 소요된 셈이다. 건물의 골조부분 외에 모든 것을 새로 교체했다. 건물 수명이 20년은 연장된 것이다.

리모델링 후 재임대를 했을 때의 임대료를 분석해보자. 반지하 2룸은 전세보증금으로 8천만 원을 받았는데, 지하 2룸 2가구이니까 1억 6천만 원이다. 1층 2룸은 전세보증금이 1억 2천만 원인데, 2가구이니까 2억 4천만 원이다. 2층은 주인세대다. 3층 원룸은 풀옵션(냉장고, 에어콘, 전기쿡탑, 드럼세탁기 완비)을 넣어서 전세 9천만 원을 받았는데, 룸이 3개라서 2억 7천만 원이다. 옥탑방은 2룸이지만 좀 협소해서 전세 1억 원이다. 이렇게 총 전세보증금 합계액은 7억 7천만 원이다.

이 사례를 잘 분석해보자. 2억 9천만 원으로 서울지하철 2호선 구의역 역세권에 자신이 2층에 거주하면서 대지 45평의 다가구주택을 확보한 것이다. 주변에 주인세대와 같은 규모로 신축한 빌라 매입가격이 3억 원 내외다. 그러니 이 금액은 빌라 값보다 적다. 인근의 소형아파트 전세가의 70% 수준이다. 건물이 감가상각되어 없어진다면 대지 45평을 3.3m^2(평)당 640여만 원에 구입한 결과가 된다. 2014년 가을에 구입한 이 주택은 2017년 현재 15억 원으로 평가받는다.

이 사례에서는 2층 전체를 주인세대가 거주하는 것으로 분석했다. 주인세대는 규모가 적은 3룸이었다. 리모델링을 하면서 방 한 칸을 없애고 거실과 주방공간을 넓게 확보했다. 이를 전세주면 2억 5천만 원 정도는 쉽게 받는다. 그러면 전세보증금 총액이 10억 2천만 원이 된다.

집 구입과 리모델링 비용을 포함해 10억 6천만 원이 소요되었다. 리모델링 후 전세보증금 총액이 10억 2천만 원이다. 전세가율이 무려 96%다. 내 돈 4천만 원으로 서울지하철 2호선 라인 역세권 대지 45평의 다가구주택을 산 것이다. 도심 속에 내 땅 45평을 확보했다. 놀랍지 않은가! 이런 방식으로 도심 속 내 땅을 늘려나가자. 투자 비용 4천만 원은 원룸 전세금에도 못 미치는 금액이다.

단기간 재산증식을 위해
독신이라면 이렇게 해보자

만일 내가 독신이라면 단기간 재산증식을 위해 다음과 같이 투자할 것이다. 무엇보다도 거주지와 투자할 곳을 분리한다. 직장이 가까운 곳의 오래된 단독주택 옥탑방이나 반지하방을 거주지로 택한다. 전세보다는 월세를 택한다. 그래야 적은 종잣돈으로 투자를 좀더 일찍 시작할 수 있기 때문이다. 무엇보다도 그런 곳은 월세가 저렴하다. 규모 있는 다가구주택이 아니면 관리비도 없다. 종잣돈이 4천만 원이라도 모아지면 전세보증금을 활용해 다가구나 다세대주택을 통째로 매입해서 장기간 보유한다. 단, 땅값이 상승할 지역을 선택해야 한다. 땅값이 뛰고 있는 지역에서 이런 물건을 구하는 것은 거의 불가능하다. 그런 지역은 땅값이 올라서 전세보증금 합계와 차이가 크기 때문이다.

이렇게 투자를 할 때 가장 큰 걸림돌은 리모델링을 위해서 세입자들의 전세보증금을 돌려줘야 하는 것이다. 그리고 리모델링 비용도 지불해야 한다.

이 사례에서 실제 매입시 9억 1천만 원 중 인수한 전세보증금은 5억 5천만 원이었다. 리모델링에 소요된 비용은 1억 5천만 원이다. 건물 인수시 제2금융권인 새마을금고 2억 6천만 원 대출금을 인수받았다. 결국 처음에는 1억 원으로 매입했다. 그러나 보증금과 리모델링 비용을 합한 7억 원이 추가로 있어야 한다.

이 사례의 주인공은 공기업을 퇴직하고 둔촌동 주공아파트를 판 자금으로 충당했다. 그러면 종잣돈이 1억 원 남짓 밖에 없는 사람은 이런 물건에 투자할 수 없단 말인가? 이 지역은 서울지하철 2호선 역세권이라 임대수요와 땅값 상승이 꾸준하다고 판단되는 곳이다. 좋은 기회인데 그냥 넋놓고 포기해야 하는가? 그렇게 생각하지 않는다. 기회라고 생각되면 잡아야 한다.

이런 생각도 해보자. 이 사례에서 리모델링 후 재임대하기 전 총 투자금액이 10억 6천만 원이다. 자신의 종잣돈 1억 원과 새마을금고 대출금 2억 6천만 원을 제하면, 부족한 돈이 7억 원이다. 제1금융권과 제2금융권에서는 대출이 불가능하다. 이 돈을 1부(연10%)이자를 감당하고 지인들의 돈을 썼다면 어떻게 되나?

기간은 리모델링기간 3개월에 재임대기간 2개월을 더하면 총 5개월이다. 7억 원의 사채이자는 대략 2,920만 원이다. 새마을금고 대출금 5개월 이자(연3.8%적용)는 412만 원이다. 이 사례에서 최종적으로 리모델링 후 모두 재임대할 시 자신의 순수 투자금액이 4천만 원이었다. 여기에 두 곳의 이자비용 합계가 3,332만 원이다. 결국 총 투입비용은 7,332만 원이다.

보통 사람들은 주변 지인들의 돈을 빌려 투자한다고 하면 더이상 이야기를 들으려 하지 않는다. 사채에 대한 부정적 인식이 강하기 때문이다. 열심히 공부하고 발품 팔아서 좋은 물건을 찾았으면, 남들이 나쁘다는 사채라도 내서 재산증식에 활용하는 용기가 필요하다. 충분한 내공이 쌓이면 절대 두렵지 않다는 생각이 들 것임을 확신한다.

투자 포인트

많은 임장활동을 통해서 투자가치 있는 다가구주택을 발견했다면 용기 있게 자신의 것으로 만들어야 한다. 부채도 두려워하지 마라. 그 부채의 이자보다 자산가치 증가속도가 더 빠를 것이다.

신도시 상가주택,
어떤 물건을 사야 하나?

이주자택지는 반드시 상가를 할 수 있는 위치여야 한다.
그러므로 매입시 고객동선과 상권을 최우선으로 고려하라.

1기신도시(분당, 일산, 평촌, 산본, 중동)에 가면 상업지구 건너편에 먹
자골목이 형성된 곳이 있다. 1층에 상가가 있고 2~4층은 주택으로
구성된 3층 내지 4층 건물을 많이 보았을 것이다.

이것이 이른바 말하는 '상가주택'이다. LH공사에서는 '점포겸용
단독주택'이라고 한다. 보통 8글자보다는 4글자가 쓰기 편하니까
'상가주택'이라는 용어가 더 많이 통용된다.

신도시 상가주택은 지역마다 허용되는 층수와 외양이 조금씩 다
르다. 왜냐하면 지역마다 각 지자체의 조례가 반영된 '지구단위 계
획'에 의한 규제가 다르게 적용되기 때문이다. 어떤 지역은 4층으로

지을 수 있는 반면, 다른 지
역은 3층까지만 허용한다.
허용 용적률(층수)에 따라서
토지 값이 차이가 날 수밖에
없다.

택지개발은 LH공사에서
주로 한다. 그 외에도 수자
원공사 각 지역도시공사와
민간도시개발업체에서도
한다. 정부에서 앞으로는 대
규모 택지개발은 하지 않겠
다고 발표했기에 상가주택

신도시 상가주택
신도시에서 1층에 상가가 있고 2~4층은 주
택으로 구성된 3층 내지 4층 건물을 많이 보
았을 것이다. 이런 건물들이 이른바 말하는
'상가주택'이다.

지의 공급은 극히 제한적일 것이다. 신도시 상가주택에 대해서 자
세히 알아보자.

이주자택지란
무엇인가?

신도시를 건설하려면 일단 개발하려는 대상지역을 선정해야 한다.
그리고 그 지역에 살던 원주민들의 토지 및 가옥을 감정해서 보상을 해주고 이주시킨다. 이주가 완료되면 본격적으로 택지개발을 한다. 이 과정에서 원주민들과 택지개발사업주체 간에는 보상에 관한 마찰이 아주 심하다.

원주민들의 입장에서는 조상 대대로 물려받은 토지를 하루아침에 강제 수용당하는 일이다. 그것도 장차 개발될 토지를 전제로 감정평가해서 보상받는 게 아니다. 수용 당시의 토지상태로 감정평가된다. 그래서 흔히들 택지개발지구 바로 인근의 땅값이 오히려 더 오르는 법이다. 그러다보니 자신들의 토지와 가옥이 헐값에 수용된다고 생각한다.

최근 서울 인근에 개발된 곳은 그린벨트지역을 해제해 개발한 경우가 많다. 이 경우 토지 보상가격은 더욱 저렴하다. 그들은 평생 농사만 짓다가 갑자기 생활터전을 잃게 된 것이다.

보상주체인 택지개발사업주체의 입장에서는 개발대상 토지 소유자인 원주민들을 빠르게 이주시켜야 개발 사업을 사업기간 안에 완성할 수 있다. 이런 두 세력 간의 이해관계를 절충하는 보상책으로 나온 것이 바로 '이주자택지'다.

원주민에게 분양되는 토지는 크게 2가지가 있다. 하나는 '점포겸용 단독주택지(이주자택지)'고, 다른 하나는 '주거전용 단독주택지(협의양도자택지)'다.

'이주자택지'는 택지예정지구 발표 전 일정한 기간 동안 허가가옥을 소유하면서 계속 거주한 자로서 손실보상을 받고 이주하는 자에게 부여하는 토지다. 택지를 공급받을 수 있는 자격은 수도권은 공람공고일 1년 전부터, 지방은 공람공고일 이전부터 거주와 소유를 하고 있어야 한다. 보통 조성원가의 70~80% 수준에서 택지를 공급한다.

1층에는 연면적의 40% 범위 내에서 점포를 넣고, 2~4층에 주택을 지을 수 있다. 이주자택지에 대한 건폐율과 용적률은 각 신도시마다 수립된 지구단위계획에 따라 조금씩 다르다. 보통 건폐율 60%에 용적률 150~200%다.

사업주체는 빠른 이주를 위해서 자신들이 제시한 이주기한까지 이주한 자들은 '1순위자'로 칭하면서 상권이 좋은 위치에 추첨받을 권리를 준다. 그 외 보상협의가 안 되거나 기한 이전까지 이주하지 않은 자는 '2순위자'로서 상권이 불리한 자리를 추첨받게 된다. 사업지역 주민들은 보상가를 두고 첨예하게 대립하다가도 대부분 '1순위자' 자격을 얻기 위해 신속히 이주한다.

협의 양도자택지는 일정 이상의 토지 및 기타물건이나 권리 전부(토지 권리+지상물 권리 등)를 협의에 의해 사업주체에 양도한 경우 주어지는 토지다. 택지개발예정지구 지정을 위한 주민공람공고일 이전부터 당해 사업지구 내에 1천m^2 이상의 토지를 소유해온 자에게 공급된다. 이 토지에는 주택만 지을 수 있다. 이주자택지와 마찬가지로 신도시마다 건폐율, 용적률의 차이가 있다. 보통은 건폐율 50%, 용적률 80%가 적용된다.

이를 간단하게 정리하면 다음과 같다. 소유와 거주 요건이 충족될 때는 '이주자택지'를 분양받고 점포와 주택을 지을 수 있다. 소유만 하면 '협의 양도자택지'를 분양받을 권리가 주어지고 주택만 지을 수 있다.

'이주자택지(점포겸용 단독주택지)'에 대해서 좀더 살펴보자. 위에서 사업예정지에 토지와 건물을 소유하면서 거주한 사람에게 '이주자택지'를 분양받을 권리가 생긴다고 말했다. 그 외에 또 다른 보상책으로 8평 내외의 근린상가를 지을 수 있는 권리도 부여한다. 이른바 '상가 딱지'라고도 한다.

그런데 8평으로는 혼자서 건축을 할 수 없다. 그래서 30명 내외로 '상가 조합'을 구성해 250평 내외의 근린생활시설 신축부지를 분양받을 수 있다. 보통은 시행사에게 프리미엄(웃돈)을 받고 팔아서 이득을 실행한다.

사업주체가 이주자택지를 분양받을 권리를 가진 자들에게 이주 협조정도에 따라 '1순위'와 '2순위'로 나누어 추첨을 통해 택지를 배정한다. 이때 상권이 좋은 위치가 되면 로또당첨과도 같은 행운을 누린다. 그 자리에서 프리미엄이 수억 원씩 붙는다. 사업주체와 배정받은 토지에 대해서는 매매계약을 체결하고, 사업주체의 동의하에 한 번의 명의변경을 허용한다.

이주자택지 투자시기,
어떻게 되나?

이주자택지는 사업대상지에 토지와 건물을 소유하면서 거주해온 원주민에게 주는 보상수단의 하나다. 이주자택지 분양신청자격을 실무에서는 '이주자 딱지'라고 한다.

앞에서 언급한 대로 '1순위자'와 '2순위자'로 구분된다. 추첨으로 자신의 토지를 배정받기 전은 '물 딱지'라고 한다. 이 상태에서 분양 신청자격을 매매하는 행위는 불법이다. 이때는 배정받을 토지의 위치가 정해지지 않았기 때문에 그야말로 복불복이다. 그러므로 굳이 위험과 불법을 감수하고 매수할 필요가 없다.

토지의 위치가 정해지고 계약한 후 LH공사에서 한 번의 명의변경을 허용할 때가 일반인들이 프리미엄을 주고 매수할 시기다. 이주자택지는 무엇보다도 상권의 위치가 가장 중요하기 때문에 프리미엄을 많이 주더라도 좋은 위치의 택지를 구입해야 한다.

이주자를 상대로 추첨을 한 직후에는 매도자와 매수자간 가치평가가 다를 수 있다. 이때가 기회다. 개발지에 있는 개발계획도를 보면서 추첨받는 물건에 대해서 미리 사전에 충분한 검토를 해야 한다. 그 후 저평가된 물건이 나오면 신속히 매입하는 게 바람직하다. 그 시기가 지나면 건축가능 시기를 6개월 정도 앞두고 그동안 변화된 여건을 감안한 상권이 좋은 지역의 물건을 매입해야 한다.

이주자택지 대금납부,
어떻게 해야 하나?

이주자택지를 분양받은 사람들은 택지개발사업주체가 택지조성공사를 완료해서 토지를 사용할 수 있게 될 때까지 토지 대금을 6개월 단위로 분납한다. 이때 토지대금의 20%만 납부하면 나머지 80%는 은행에서 융자를 해준다. 은행과 80% 금액에 대해 융자약정을 하면 해당 납부회차에 은행에서 분납대금을 납부하고 그에 해당하는 이자를 납입하면 된다.

일반인들은 원주민에게 프리미엄을 주고 이주자택지를 구입할 수 있다. 그러면 프리미엄과 분양대금의 20%는 있어야 한다. 나머지 80%는 필요시 은행대출로 가능하다. 여기서 프리미엄이 붙는 이유는 원주민에게 제공되는 이주자택지 가격이 토지조성원가의 80% 정도로 책정되기 때문이다.

자신이 원가 이하로 분양받았다고 해서 싸게 팔 사람이 어디 있겠는가? 거기다가 추첨해 배정받은 택지의 위치가 좋은 상권이 형성될 가능성이 있다면 프리미엄은 더욱 많이 붙게 된다.

신도시 '이주자택지'의 가격형성요인을 잘 모르면 프리미엄 액수만 보고 지레 겁먹어 쉽게 투자를 못한다. 명확히 알아야 두려워하지 않고 자신 있게 투자할 수 있다.

이주자택지 입지분석,
이렇게 하면 된다

상가주택을 지을 수 있는 이주자택지는 무엇보다도 상가를 운영할 수 있는 위치여야 한다. 그래서 입지가 제일 중요하다. 이주자택지를 매입할 때의 선택 기준들을 자세히 살펴보자.

'1순위자' 추첨물건

LH공사에서는 이주기한을 잘 지킨 원주민에게 '1순위자'라는 자격을 부여한다. '1순위자'들은 상대적으로 좋은 상권이 형성될 지역을 대상으로 추첨받을 기회가 주어진다. 보통 '2순위자'보다는 '1순위자'가 추첨받은 물건이 좋다.

배후 단지가 풍부해야 한다

상가주택은 상가임대료가 생명이다. 때문에 상가가 잘 되어야 한나. 상가가 잘 되려면 주변에 아파트 배후단지가 충분해서 유효 수요자가 많이 살고 있어야 한다. 주변 아파트도 대형평형보다는 소형평형이 많은 곳이 유리하다.

중심상업지 혹은 근린상가지역 주변

중심상업지 혹은 근린상가지역과 밀접해 있으면 유동인구가 많아

상가가 활성화되기 쉽다. 또한 중심상업지나 근린상가지역은 땅값이 비싸서 분양가 자체가 높다. 중심상업지 인접지역의 상가는 임대료면에서 유리한 경쟁력을 가지고 영업을 할 수 있다.

주 출입구 코너

주 출입구 코너라면 적어도 2개의 도로와 접해있는 것을 말한다. 더 좋은 것은 3개 도로를 접하는 건물인데, 가게를 더 많이 분할할 수 있기 때문이다. 같은 면적의 상가라도 통째로 임대하기보다 나누어 임대하면 수익률이 높다.

지구단위계획에 따른 가구 수 제한에 걸맞는 땅 크기

신도시마다 지구단위계획이 별도로 수립되어 있어 가구 수와 주차장법의 제한이 따른다. 4층에 7가구까지 허용하는 지역이 있고, 3층에 3가구만 허용하는 지역도 있다. 3층에 3가구만 허용하는 곳은 토지 평수가 넓어도 효율이 떨어진다. 즉 주인세대가 너무 넓게 나온다. 그러므로 반드시 가구 수 제한사항을 사전에 확인하고 투자해야 한다.

도로 폭이 적당해야 한다

도로가 넓으면 통행에 좋고, 주차도 용이하다. 하지만 큰 대로변은 차량의 통행속도가 빠르기 때문에 지나가는 상권이 되어 역효과가 난다. 또한 넓기 때문에 도로 양쪽 상권을 단절하는 효과가 발생한다. 차량 통행에 지장이 없고 사람들이 편히 다닐 수 있는 폭의 도로가 적당하다.

도로변이라도 완충녹지를 조심해야 한다

도로변인데 완충녹지와 접해 있으면 접근도가 떨어진다. 완충녹지가 어떻게 조성되는지 확인해야 한다. 언덕을 만들어 잎이 풍성한 수목이 식재되면 시야가 가려져 접근하기 힘들다.

간혹 동탄2신도시처럼 완충녹지에 보도블록만 시공한 녹지도 있다. 이 경우는 오히려 그 공간을 활용할 수 있어서 유리하다. 반드시 사업주체의 건설사무실에서 구체적인 도면과 시공방법을 확인하고 매입하길 권한다.

남향으로 남측도로를 낀 땅이 좋다

도심에서 신축할 땅을 고른다면 일조권 영향을 최소로 받는 북측도로를 낀 땅이 좋다. 건물 높이가 9m 이하면 1.5m, 건물 높이가 9m 이상이면 해당 높이의 1/2을 북쪽 방향 건물에서 떨어져 건축해야 하는 일조권 사선제한이 적용된다. 그러므로 건물을 지으려는 북쪽에 도로가 있다면 이미 도로 폭만큼 거리가 떨어져 있어 일조권 사선제한을 덜 받는다. 또한 건물 모양도 반듯하게 나와 사업성과 수익성도 좋아진다.

그러나 대부분 택지개발지구에서는 정남방향의 인접대지 경계선으로부터 이격할 수 있다고 규정되어 있어 남향으로 남측도로를 낀 땅이 좋다. 단, 모든 지역에 통용되는 절대적 기준은 아니다. 반드시 그 지역의 지구단위계획을 확인해야 한다.

신도시 택지지구의 개발 계획도를 보면서 쉽게 방향을 알 수 있다. 지도를 볼 때 앞의 내용과 도면의 위쪽이 북쪽이란 점을 참고하면 좋은 물건을 고를 수 있다.

주차장용지 인근이 좋다

신도시 초기에는 빈 땅이 많아 주차문제가 없다. 그러나 입주가 완료되면 주차문제가 심각하다. 왜냐하면 상가주택의 경우 가구 수에 비례해서 주차장이 마련되어 있지만 1층 상가 전면에 주차하기가 불가능하기 때문이다.

상가 앞에 마련된 주차장은 상가 고객용이 되어버려 항상 주차난에 시달린다. 그래서 주차장용지 인근의 상가주택은 주차문제를 해결할 수 있어 경쟁력을 갖는다.

또 다른 측면에서는 주차장용지의 70%는 주차장, 그 외 30%는 상가를 넣을 수 있다. 대부분 이곳에 대형마트가 입점한다. 고객을 유인하는 대형 상권이 들어오면 인근 상가주택의 영업환경이 좋아진다.

맞은편에 학교, 관공서, 공원 등이 있다면 피하자

학교나 관공서 근처는 주말이나 밤 시간에 상권이 형성되지 않는
다. 상권이 서로 활성화되어야 시너지효과가 나는데 그렇지 못하다.
사람들이 모이지만 주 출입구 앞을 제외하면 상권이 미미하다. 더
욱이 학교가 방학하면 인적이 드물다.

투자 포인트

신도시 상가주택은 상가 위치가 생명이다. 가진 돈이 적다고 그 돈에 맞
게 투자하면 실패할 확률이 높다. 비싸도 욕심내서 좋은 상권에 투자해
야 성공할 수 있다.

도심의 상가주택,
어떤 물건을 사야 하나?

주택의 안정성과 상가의 수익성을 다 누리려면
부동산 중에서도 도심의 상가주택만한 것이 없다.

많은 사람이 노후에 임대수익이 나오는 건물로 수익형 부동산을 찾는다. 수익형 부동산에는 근린상가, 오피스텔, 지식산업센터 등 여러 종류가 있다. 그 중에서도 주택의 안정성과 상가의 수익성을 다 누릴 수 있는 상가주택이 인기를 끈다.

상가주택은 보통 1층이나 2층에 상가를 구성하고 그 위층에 주택을 넣어서 건축한 주택을 말한다. 도심의 이면 도로변에서 흔히 볼 수 있다.

상가주택은 상가임대가 잘되는 저층부와 주택임대에 적당한 상층부로 구성되어 있다. 이면 도로변에서 상가로만 구성하면 공실의 위험이 있으나 주택과 조화를 이루면 안정적인 임대수익 창출에 유리하다. 그 소재지에 따라 '도심에 있느냐, 신도시 택지개발지구에 있느냐'로 구별할 수 있는데 여기에서는 도심의 상가주택에 대해 살펴보자.

도심의 상가주택,
투자가치를 유추하는 법

도심의 이면도로에 있는 주택들을 보면 3~5층짜리 건물이 많이 있다. 1층에는 상가가 대부분이다. 일부 상권이 좋지 않은 지역은 아예 주택으로 개조해서 임대하는 곳도 많다. 왜냐하면 상가는 장사가 되지 않으면 공실일 경우가 많기 때문에 그에 비해 안정적으로 임대할 수 있는 주택으로 개조한다.

도심의 상가주택
모든 상가를 투자할 때의 기본적인 분석틀이 있다. 그것은 상가를 얻는 세입자 입장에서 분석해봐야 한다는 것이다.

모든 상가를 투자할 때의 기본적인 분석틀이 있다. 그것은 상가를 얻는 세입자 입장에서 분석해봐야 한다는 것이다. 하루에 손님 몇 명이 와서 한 사람당 얼마를 소비하고, 그 수익률을 따져서 임대료 얼마를 내야 예상한 수익이 보장되는지를 조사해야 한다.

상가컨설턴트들이 흔히 하는 말이 몇 가지 있다. 업종마다 다르겠지만 3일에서 5일 매출로 임대료를 낼 수 있어야 한다는 주장이다. 다른 견해는 전체 매출의 10% 정도를 임대료로 충당해야 한다는 것이다. 그런 분석을 토대로 적당 임대료가 얼마인지 산정해보면서 그 지역 상가 임대수익률로 환원하면 상가가격을 유추해볼 수 있다.

$$\frac{\text{매월 가게임대료} \times 12}{\text{지역 평균 수익률}} = \text{적정 상가가격}$$

실제 사례를 가지고 살펴보자. 상가를 분양받은 가격이 5억 원이라고 하자. 분양받은 곳 주변의 비교대상 상가 임대료가 보증금 5천만 원에 월 200만 원이라면 수익률은 얼마일까? 다음과 같이 계산할 수 있다.

$$\frac{200\text{만 원} \times 12\text{개월}}{5\text{억 원} - 5\text{천만 원}} \times 100 = 5.3\%$$

다른 시각에서 분석해보자. 매월 임대료로 월 200만 원을 받을 수 있는 상가에서 나의 기대수익률이 6%라면 얼마에 상가를 분양받아야 할까?

계산식은 간단하다. 연간 임대료를 기대수익률로 나누면 4억 원 (200만 원×12개월/6%)이 나온다. 이 금액에 보증금 5천만 원을 더하면 4억 5천만 원이다. 즉 4억 5천만 원에 상가를 구입해서 보증금 5천만 원에 월 200만 원을 받으면 6% 수익률이 나온다는 말이다.

리모델링할 것인지, 신축할 것인지
잘 판단해야 한다

'가게는 몫이다'는 말이 있다. 가게는 사람들에게 노출이 잘되어야 한다. 유동인구가 있어야 하고, 그 유동인구가 매출가능인구여야 한다. 따라서 가게 앞 도로 폭이 어떻게 되는지, 출근방향인지, 오르막인지 등 고려해야 할 요소가 많다. 출근방향보다는 퇴근방향 쪽이 매출가능 인구가 다니는 길이다. 오르막이든 내리막이든 경사진 곳은 가급적 피해야 한다.

도심 상가주택의 경우, 현재 존재하는 것들은 대부분 주차공간이 턱없이 부족하다. 과거에 주차장이 문제가 되지 않을 때 건축되었기 때문이다. 이런 물건은 너무 오래되었기 때문에 리모델링해서 활용할 수 있으면 좋다.

그렇지 않고 멸실하고 신축하게 되면 문제가 발생한다. 멸실하면 지하공간을 팔 수 있거나 주차타워를 건설할 수 있는 면적이면 그나마 다행이다. 하지만 주차공간이 나오지 않는 땅을 신축하면 대부분 가게자리가 없어진다. 도심의 상가주택은 이런 점을 유의해서 향후 리모델링할 것인지, 신축할 것인지 잘 판단해야 한다.

투자 포인트

도심의 상가주택에 투자할 때는 배후에 유효수요가 있는 곳을 선택해야 한다. 상가는 예나 지금이나 '목'이 중요하기 때문이다.

주변이 좋은 방향으로
개선될 곳의 땅을 사라

주변 토지가 좋은 방향으로 개선될 곳을 찾아야 한다.
남들의 노력에 의해 내 땅의 가치가 좋아지니 금상첨화다.

토지를 구입할 때 '주변 환경이 좋아야 내 땅도 좋다'라는 말을 명심해야 한다. 자신이 선택한 토지에 아무리 돈과 정성을 쏟아도 자기 혼자서 가치 상승을 일으키는 데는 한계가 있다. 그런데 자신이 투자한 토지가 속한 지역이 좋아지면 이야기가 달라진다. 작게는 자신의 토지와 인접한 곳에 생활편의시설이나 자신의 토지에 유리한 환경을 조성하는 것들이 생기면 자신의 땅값이 오른다.

따라서 토지를 구입할 때는 주변 토지가 좋은 방향으로 개선될 곳을 찾아야 한다. 군이 나의 노력이 아니라도 다른 사람들의 노력에 의해 내 땅의 가치가 좋아질 '무엇'이 있는 곳에 투자해야 한다.

넓은 땅 주변의 토지를
구입하는 것이 좋다

서울시내의 경우 대규모인 넓은 땅 주변의 토지를 구입하길 권한다. 그런 땅 옆에 자신의 땅이 있으면 언젠가는 주변 대규모 땅을 대기업이나 국가, 지방자치단체에서 개발을 하기 마련이다. 그때 수혜를 보는 경우가 많기 때문이다.

서울지하철 2호선 건대입구역 주변에 과거에는 '건대 야구장부지'가 있었다. 그곳에 포스코건설이 2005년 착공해 2008년 완공한 '건대 스타시티' 주상복합건물이 들어섰다. 최고층이 58층이다. 롯데백화점, 이마트, 영화관 등 각종 편의시설이 입점하면서 자연히 그 주변 생활여건이 좋아졌다.

도심에 위치한 혐오시설, 위험시설, 군부대는 점차 시외곽으로 이전하게 된다. 그러면 그곳은 사람들이 모이는 다중이용시설로 변모될 가능성이 다분하다.

이왕이면 이런 곳 주변에 내 집 마련을 하자. 터를 잡고 살면, 뜻밖에 땅값이 상승하는 보너스를 누리게 된다. 관심을 가지고 공부해서 남들보다 일찍 실천하면 그 결과가 '뜻밖'이 아니라 '예견된 결과'가 되는 것이다.

이렇게 주장하는 근거가 되는 도심의 대형부지 개발 사례는 많다. 당인리발전소 지중화로 공원 조성, 경춘선 폐도로 숲길 조성, 경

도심의 대형부지 개발 사례
개발이 이루어진 경의선 숲길(좌)과 개발이 이루어질 성동구치소 부지(우)에서도 보듯,
도심의 대형부지 개발은 많이 이루어지고 있다. 당연히 주변 땅값은 요동을 친다.

의선 지중화로 홍대주변 경의선 숲길 조성, 금천구 육군 도하부대 이전으로 롯데캐슬골드파크 건립, 미군 하야리아부대 이전으로 부산시민공원 조성, 상암동 난지도쓰레기매립지에 노을공원과 하늘공원 조성 등 찾아보면 의외로 많다.

위에서 언급한 지역은 현재 사업 완료된 지역도 있고, 현재 진행형도 있다. 다들 사업이 이뤄짐에 따라 주변 땅값이 요동을 쳤다.

이렇듯 혐오시설이나 위험시설이 이전하면서 환경개선이 되면 지가상승은 당연하다. 부동산투자에서는 이러한 자연스런 이치를 알고 미리 선점하는 실천력이 중요하다.

지금도 영등포구치소와 안양교도소, 성동구치소가 이전 후 개발 방향에 대한 논의가 되고 있다. 내가 거주하고 있는 지역에서도 동부지방법원이 2017년 장지동 법조타운으로 이전했다. 그곳에는

2024년까지 광진구청이 25층 규모로 신축해 옮기고 39층 오피스빌딩과 28층 규모의 호텔이 들어선다. 또한 1,363가구의 아파트도 건설된다고 한다. 각 지역별로 보면 그런 사례가 수없이 많이 진행되고 있을 것이다.

신도시의 이주자택지를 매입할 때
작성했던 투자 아이디어

신도시 택지지구는 대단위로 개발계획을 세워서 건설되므로 시간이 지남에 따라 교통여건, 교육환경, 일자리 등 주변 환경이 좋아지는 것이 일반적이다. 내가 신도시 택지개발지구의 이주자택지에 투자하면서 생각했던 4가지 내용을 상기해보자.

남양주 별내신도시에 이주자택지를 매입했다. 1층에 상가 3개를 넣고 2층에서 4층까지 6가구를 넣어 상가주택을 2012년에 신축했다. 이런 투자를 한 이유는 다음과 같다.

첫째, 수도권에 평당 1천만 원 이하 토지를 구입해서 4층 상가주택을 신축하면 투입금액 대비 10% 상당의 수익을 올릴 수 있다.

둘째, 신도시 초기에 투자했으므로 도시가 성숙기에 접어들 때까지 10년간은 매년 평당 100만 원의 지가상승이 될 것이다.

셋째, 2022년 지하철 8호선 별내선 연장구간의 개통은 더욱 지가

상승을 촉진할 것이다.

넷째, 신도시는 내 땅값을 올려 주기 위해 LH공사나 지방자치단체, 그리고 민간 개발업자들이 교통시설 및 병원, 유통, 위락시설들을 구축해줄 것이다.

다행히 지금까지 이런 예상은 적중하고 있다. 나는 내 땅에 멋진 상가주택을 지었을 뿐이다. 그 이상은 타인자본이 내 땅값을 올려주는 행위를 한 것이라 감사할 따름이다.

부동산투자를 하는 데 있어 자신의 힘만으로 성공하기는 힘들다. 이웃과 더불어 발전하려면 남의 힘을 빌리는 데 익숙해져야 한다.

투자 포인트

부동산투자를 하는 데 있어 자신의 힘으로 땅값을 올리는 것은 한계가 있다. 이웃과 더불어 발전하는 곳에 내가 있어야 한다.

돈이 나오는 땅은
인내하며 오래 가지자

투자한 땅이 미래가치가 있다면 빨리 팔지 말자.
다양한 방법을 적용해 수익을 누리면서 버텨야 한다.

우리가 토지에 투자한다고 했을 때는 장래에 대한 기대감으로 투자
한다. 앞으로 투자물건 주변에 대형 쇼핑몰이 들어선다든지, 전철
역이 생긴다든지, 공원이 조성된다든지 등의 각종 개발계획을 보고
투자하는 것이다.

그런데 이런저런 이유로 몇십 년간 계획이 실행되지 않으면 토지
가격에 큰 변화가 없다. 오히려 투자 고수들은 발 빠르게 개발 정보
가 발표되면 그때 팔고 나간다. 뒤늦게 높은 가격에 투자한 사람들
은 한동안 투자금이 묶이는 고통을 감수해야만 한다.

그 고통의 시간을 감내한 사람은 개발이 되었을 때 지가상승의

달콤한 결과를 맛본다. 그러나 자본을 투자해 남긴 수익을 평가해 보면서 반드시 고려해야 할 것이 있다. 그것은 바로 '기회비용'이다. '그때 그곳에 투자하지 않고 다른 곳에 투자했으면 얼마를 더 벌 수 있었을 텐데'라고 생각하는 것이 바로 '기회비용'이다.

부동산 구입시에 이런 '기회비용' 개념을 적용해서 여러 투자처를 비교 분석하는 것은 꼭 필요한 작업이다. 그런데 개발지를 투자하면서 개발 정보가 실현될 때까지 긴 시간을 버티려면 자신의 투자금액을 최소화해야 한다. 그렇지 않으면 투자한 곳에서 수익이 나오는 구조여야 된다. 그러면 투자하고 결과를 기다리는 시간이 지루하지 않게 된다. 우리의 부동산투자 방향은 이 2가지에 초점을 맞추어야 한다.

내가 구입한 땅에서
돈이 나오게 하라

'돈 나오는 땅'이란 무엇일까? "땅에서 돈이 나오다니 무슨 소리인가?" "땅에서 돈이 나오려면 어떻게 해야 할까?" 이렇게 묻는 사람을 많이들 봤을 것이다. 다음과 같이 몇 가지 방법을 생각해볼 수 있다.

첫째, 땅속 지하자원에서 수익이 나온다. 온천수가 나오든지, 돈

되는 광물이 나오든지 하는 경우다. 둘째, 땅 자체를 개발해 용도변경해서 건물을 지어 수익률을 높여 매매차익을 누린다. 셋째, 땅 자체를 임대해서 수익을 누릴 수 있다. 넷째, 이미 땅 위에 지어진 건물을 리모델링해서 수익을 극대화시킨다.

첫 번째 방법은 미리 땅 구입시 전문적 지식과 자본을 투자해 사전조사를 철저히 해야 가능하다. 그러므로 일반인이 쉽게 할 수 있는 투자 방법이 아니다. 그 나머지 방법들이 일반인들의 투자 접근 방법이다.

두 번째 방법은 전답이나 임야상태의 땅을 구입한 뒤 자본을 투입해서 활용도가 높은 땅으로 개발시켜 매매차익을 실현하는 것이다. 주변에 이런 방법을 잘 실천하는 지인이 있다. 그는 서울 근교에 거주하면서 가내공업을 하고 있다. 지역사정에 밝은 그는 틈나는 대로 부동산개발업자들과 어울린다. 그가 만나는 부동산개발업자라면 그 지역에 소재한 공인중개사나 관공서 앞 측량사무소 관계자들이다. 이들에게서 개발가능한 땅이 싸게 매물로 나오면 매입한다. 대부분 임야나 전답상태다. 이들 토지를 형질 변경해서 창고용지나 공장부지로 개발해서 창고를 지어 임대하고, 수익률을 맞추어 매각해 짭짤한 부가가치를 누리고 있다.

이렇게 하려면 은행 융자를 감안하더라도 일정금액 이상의 자본금이 필요하다. 또한 투입금액에 대한 효율이 나와야 한다. 매매차익만 보고 투자하는 데는 한계가 있다. 임대해서 수익이 나오는 구조를 만들어야 한다. 각종 경비를 제하고도 매달 수익이 나와야 한다.

아무튼 자신의 자본금이 투자된 곳에서 은행금리와 인플레이션율을 합한 것보다 높은 수익이 나와야 한다. 만약 융자를 해서 투자했다면 대출이자와 인플레이션율을 합한 것보다 많은 수입이 매달 나와야 오래 버틸 수 있다. 그렇지 않으면 그 땅을 가지고 있는 것 자체가 고통이다. 땅을 보유하면서 재산세나 그 땅으로 인해 부담하는 간접비용이 증가한다. 건강보험료도 더 많이 내야 한다.

따라서 토지투자를 할 때는 반드시 소액으로 투자하거나, 돈이 나오지 않는 땅은 투자대상에서 후순위로 취급해야 한다. 그렇게 기준을 정하고 보니 더욱더 도심의 토지투자에 관심이 집중된다.

반걸음 빠르게 투자한 후
인내하며 기다려야 한다

세 번째 방법은 땅 자체를 임대해서 수익을 누리는 방법인데, 자본을 투자해서 가공하지 않는 만큼 만족할 만한 투자수익을 누리기 어렵다. 이 방법은 향후 개발 가능성이 큰 지역에 남들보다 일찍 선점하는 투자를 할 때 활용하면 좋은 방법이다.

중앙정부나 지방자치단체 혹은 개발업자들이 주변을 개발할 때까지 오랜 시간을 버텨내야 할 필요가 있다. 그렇다고 자신이 미리 그 땅에 큰 자본을 투입해 가공할 필요가 없는 곳에 적용하기 좋은 방법이다.

얼마 전 지인은 아파트 재개발지구 근처에 오래된 구옥을 매입했다. 재개발 조합에서 아파트를 신축하는 것이라서 시간이 많이 소요되었다. 자연히 철거 전에 거주하던 주민들이 이주하고 나니 주변상권이 썰렁하게 되었다.

그가 구입한 땅은 신축아파트 주 출입구 근처였다. 이제 막 철거를 하고 있으니 입주까지는 3년이 걸린다고 한다. 그리고 지인이 구입한 땅은 면적이 40평 남짓이라 신축하기에는 규모면에서 적었다. 그래서 그는 옆집 35평의 구옥을 구입해 아파트 철거 때를 맞추어 멸실했다. 다주택자로 양도소득세를 염려해 주택을 멸실하고 토지 상태로 보유하기로 한 것이다.

2년간 땅을 놀릴 수는 없었다. 장소가 협소해 영업에 어려움을 겪는 인근 고물상에게 자신이 2년 후 신축할 때는 언제든 비워주기로 하고 75평을 땅 그대로 임대하고 있다. 이런 물건은 굳이 토지에 자신의 비용을 들이지 않고 임대하는 것이 최선이다.

네 번째 방법은 땅 위에 건물이 있다면 그 건물에서 최대한 수익이 나오게 해서 그 땅을 가장 효율적으로 이용하는 것이다. 이것을 부동산학에서는 '최유효이용의 법칙'이라고 한다. 건물의 형태를 유지하면서 수익률을 높이는 방법은 리모델링하는 것이다.

이 방법은 2가지 측면에서 생각해 볼 수 있다. 하나는 건물의 용도를 바꿔서 주변 상황에 맞추는 것이다. 지인이 얼마 전 구입한 도심의 상가주택은 위치상 상권형성이 좋지 않은 곳이었다. 하지만 전철역세권이고 대학가 인근이라 원룸수요는 많았다. 결국 1층과 2층을 원룸으로 용도를 변경해서 임대를 놓고 있다. 당연히 상가일 때 공실이 많았던 것과는 달리 안정적 수익을 올리고 있다.

다른 하나는 그 지역 수요층에 맞게 인테리어를 하고 가구 및 조명시설을 갖추는 것이다. 이에 맞는 사례가 있다. 친척 여동생이 20년 된 다가구를 구입했다. 여동생은 평소 혼자서 집을 꾸미는 데 취미가 있었다. 건물을 인수할 때 지하방 두 세대가 장기간 공실이었다. 여동생은 건물외벽을 벽화마을처럼 페인트 칠했다. 어설픈 솜씨지만 카페 같은 분위기로 젊은이들은 좋아했다. 내부계단에도 모서리에 조그만 나무의자 소품을 구해 예쁜 화분도 올려놓았다. 싱글족들이 몸만 들어와 살 수 있게 '이케아'에서 각종 1인가구를 사서 풀옵션으로 제공했다.

그렇게 수리를 하고 나니 주변 시세보다 월세를 10만 원정도 더 받았다. 인근 부동산중개업소에서는 월세 가격이 비싸다고 했지만 수요자가 있었다. 지금은 부동산중개업소에서 다른 사람들에게 인테리어 자문을 해달라고 요청했다고 한다.

자신이 투자한 땅이 지금보다는 미래가치가 있다면 위에서 열거한 다양한 방법을 적용해서 수익을 누리면서 버텨야 한다. 투자는 타이밍이다.

남들보다 반걸음이라도 빠르게 투자한 후 인내하며 기다려야 한다. 목적지에 도달하기 전에 하차하면 목표수익률을 달성할 수 없다. 부동산투자에서 '수익'의 가장 좋은 동반자는 '인내'임을 명심하자.

투자 포인트

투자는 타이밍이 생명이다. 남들보다 반걸음이라도 빨리하고 목표수익률에 도달할 때까지 기다려야 한다. '인내'의 가장 좋은 동반자는 '수익'이다.

어떤 지역을 선택해
투자할 것인가?

부동산투자에서 지역선택보다 더 중요한 것은 없다.
자신이 잘 아는 지역에서 가끔 나오는 보물을 찾아보자.

부동산을 취득하는 데 있어 가장 중요한 고려 요소는 무엇일까? 부동산의 종류를 선택하는 것보다 더 중요한 우선순위는 바로 지역선택이다. 부동산의 가치에서 변하지 않는 것은 토지가치다. 시간이 지나도 감가상각되지 않기 때문이다.

토지는 우선 그 위치가 어디냐에 따라 가격이 결정된다. 주변이 어떻게 개발되는지도 큰 영향을 미친다. 토지를 좋게 만드는 도로 개설, 공원조성, 대형 쇼핑몰이 들어서면 가격상승 요인이다. 반대로 해당 토지에 나쁜 영향을 주는 것도 많다. 주변에 혐오시설이 들어오는 것은 그 대표적인 것이다.

그 다음으로는 해당 토지를 이용하는 법률적 허용 정도에 따라 가치가 달라진다. 원칙적으로 같은 지역의 토지는 다 같은 가격이어야 한다. 하지만 그 토지에 허용된 용도나 건폐율, 용적률이 정해져 있다. 즉 해당 토지를 어떻게 이용할 수 있는가에 따라 가치가 달라지는 것이다.

아랫목부터 데워진 후에야
윗목으로 온기가 전달된다

과거 한옥주택에서 아궁이에 불을 피우면 방의 아랫목부터 데워진다. 그 온기는 윗목으로 전달된다. 방이 데워지는 데는 시차가 있는 것이다.

토지가격도 이와 마찬가지다. 전철이 개통되고 사람들이 모이는 지역 중심지는 땅값이 올라간다. 같은 노선의 전철역이라도 그 지역이 어디냐에 따라 가격이 다르다. 즉 지역을 형성하는 주변지역에 어떤 시설들이 들어와서 어떤 부류의 사람들이 모여서 일하고 거주하는가에 따라서 가격 매김을 한다. 그래서 강남역 일대 땅값과 그 외 지역의 땅값이 차이가 나는 것이다.

각 지역마다 가격 등고선을 그려보면 우뚝 솟은 지역중심지가 있다. 대도시와 시외곽의 군소도시의 가격 등고선은 그 형태가 다르다. 대도시는 가격 등고선이 중심지와 변두리가 비교적 완만하다. 중소도시는 중심지와 변두리의 가격차가 급격하게 난다.

우리가 시골 마을에 가보면 핵심상권에서 불과 몇 m 밖은 썰렁하다는 기분이 들었던 경험이 있을 것이다. 이런 논리로 땅값이 비싼 강남역 근처나 아니면 강남역과 그 지역으로 접근이 용이한 곳의 땅값이 높게 형성될 가능성이 크다. 이를 다른 지방으로 확대해서 해석해도 무리가 없다.

개별 토지마다 활용도가
천차만별임을 명심하자

큰 틀에서 지역을 선택했다면, 이제 개별 토지에 집중해야 한다. 해당 토지를 얼마나 효율적으로 이용해 수익을 극대화할 것인지 잘 살펴야 한다. 개별 토지마다 그 활용도를 기입해놓은 '토지이용계획 확인서'가 있다. 이 서류는 토지이용규제 정보서비스(luris.molit. go.kr)에서 무료로 열람이 가능하다.

각 토지 필지별로 부여된 지번을 입력하면 해당 토지의 토지이용계획을 확인할 수 있다. 여기는 해당 토지의 소재지, 지목, 면적, 개별공시지가, 국토의 계획 및 이용에 관한 법률 등에 따른 지역 지구 등 다른 법령 등에 따른 지역, 지구 등이 표기된다. 어떤 공법규제를 적용받는지 모두 표기되어 있다.

토지이용계획 확인서에 표기된 용도지역, 지구 내용에 따라 용적률과 건폐율이 정해진다. 이를 토대로 건축사에게 '가설계'를 의뢰해서 건물의 신축에 관한 구체적 내용을 파악해보길 권한다. 그래야 그 땅의 효용가치를 정확히 가늠해볼 수 있다. 바로 인접한 토지라도 도로에 어떻게 접하고 있는가에 따라 건물 연면적이나 외관 모양이 차이가 난다. 그에 따라 가격차이가 나는 것도 당연하다.

그러나 현실에서는 자신이 공적장부를 검토하고 이 모든 것을 정확히 분석할 수 있는 사람이 드물다. 모르면 돈을 들여서라도 전문가에게 조언을 구해야 한다. 그러나 적은 돈을 쓰는 데 인색해서 그 수백, 수천 배의 비용을 쉽게 지불해버린다.

아껴야 할 돈과 써야 할 돈을 구별 못하는 사람들은 부동산투자로 성공하기가 힘들다. 경험상 그런 '헛똑똑이'들이 많았다. 심지어 부동산중개업을 하는 사장님도 예외가 아니었다.

자기가 가장 잘 아는
지역에서 선택하라

친구가 즐겨하는 말이 있다. "누가 서울대 좋은지 모르냐?" 많은 사람이 서울대를 희망하지만 누구나 다 합격하는 게 아니다. 자신의 능력으로는 쉽게 들어갈 수 없는 한계가 있다는 말이다.

누구나 교통 좋고 학군 좋고 직장 가까운 서울 강남지역을 선호한다. 그러나 가격이 만만치 않다. 자신이 가진 돈으로는 강남땅 몇 평도 사기 힘들 수 있다. 그럴 때는 현실적으로 자신이 가장 잘 아는 지역에서 투자대상을 고르라고 조언한다.

나는 서울지하철 2호선 구의역 근처에 연구소가 있다. 구의역 출구 바로 앞 골목에 상가들이 있다. 그 중에서 유독 간판이 자주 바뀌는 가게가 있다. 어떤 업종의 가게가 개업을 하면 우리 동네 사람들은 한 마디씩 한다.

"저 가게도 6개월을 못 넘기겠군!"

"또 누군가 피 같은 돈 수억 원 날리는군!"

"간판집 사장님만 돈 번다니까."

이렇게 자신 있게 이야기할 수 있는 것은 그 지역 상권이 나름대로 분석되어 있기 때문이다. 그런 감각은 하루 이틀에 완성되는 것이 아니다. 오랫동안 그 지역에 살았고, 그 지역 그 상가 앞을 지나다니는 사람들의 생활수준과 소비성향 등이 거의 파악되어 있기 때문이다.

자신의 전 재산을 투자해 가게를 개업하는 사람도 나름대로 몇 달간 고민하고 분석했을 것이다. 프랜차이즈업이라면 본사 영업팀에서도 분석에 도움을 주었을 것이다. 그런 과정을 거쳐서 개업했을 것이다. 하지만 그 지역에 수십 년 동안 살아온 사람들보다는 감이 떨어졌던 것이다. 결국 창업자는 실패했고, 그 지역에서 오랫동안 살아온 지역주민의 예측이 더 정확했다.

전업투자자가 아니라면, 투자를 한다고 이곳저곳 철새처럼 다닐 필요가 없다. 자신이 잘 아는 지역에서 가끔 나오는 보물을 찾는 것이 더 효율적이다.

투자 포인트

부동산투자에 관심이 있다면 항상 깨어 있어야 한다. 자신이 가장 잘 아는 지역에서 승부를 걸어라. 그래야 투자 승률이 높아진다.

다가구주택은 기본적으로 일정 규모 이상의 땅을 필요로 한다. 그래서 도심의 다가구주택은 그 가격이 만만치 않다. 하지만 실제로 하나하나 따져보면 의외로 적은 돈으로 구입할 수 있다. 3장에서는 적은 종잣돈으로 내 집 마련과 부동산재테크를 한꺼번에 할 수 있는 방법론을 제시할 것이다.

3장

다가구주택,
어떻게 사야 하나?

자본금에 따라
전월세의 조합을 활용하라

자신이 가진 자본금이 충분하면 월세로 임대해서 수익을 극대화해야 한다.
가진 돈이 소액이라면 자신이 거주하는 공간 외에는 모두 전세를 놓아야 한다.

다가구주택을 구입하려면 돈이 한두 푼 드는 게 아니다. 일단 다가구주택을 깔고 있는 땅이 최소한 50평 내외다. 서울지하철 역세권은 3.3m²(평)당 2천만 원 내외다. 물론 강남특구는 제외한 이야기다. 그러면 땅값만 10억 원이라는 말이다.

상가주택인 경우는 오래된 건물이라도 수익이 나오므로 건물 값을 추가로 산정한다. 하지만 건축된 지 20년 이상인 오래된 주택은 실무적으로 매매가격에 땅값만 반영한다.

앞에서 언급한대로 건물에 여러 가구가 있으니 그걸 활용하면 실제로 자신의 자금이 나대지를 사는 것보다 훨씬 적게 들게 된다. 다행히 자신이 모아둔 종잣돈이 있다면 저금리시대에 훌륭한 수익원이 된다. 보통 5%의 월세 전환이 가능하므로 은행이자에 비할 바가 아니다.

다가구주택 투자는
퇴직예정자들에게 안성맞춤

서울시내 아파트 한 채를 가지고 있는 퇴직예정자는 '퇴직 후 무엇을 해서 먹고 살 것 인가?'를 고민할 것이다. 한 번도 해본 적 없는 외식업 창업을 한다든지, 혹은 각종 프랜차이즈 편의점 창업에 뛰어든다. 특별한 기술없이 쉽게 할 수 있기 때문이다.

나는 이런 분들에게 다가구주택을 사기를 권한다. 자신이 거주하면서 안정적으로 임대수익이 나오기 때문이다. 퇴직금으로 사업을 하는 것보다 훨씬 안정적이다. 그런 후에는 자기자본의 투입없이 자신의 노동력으로 근로소득을 얻는 방법을 모색해야 한다. 일단 자산에서 수익이 나오기 때문에 눈높이를 낮추어 일자리를 구할 수 있어 취업이 한결 쉬워진다.

이렇게 자신이 가진 자본금이 충분하다면 다가구주택을 구입해서 자신이 거주하고 남은 가구들을 월세로 임대해서 수익을 극대화해야 한다. 자본금이 충분한 사람들이 다가구주택을 취득하는 3가지 방법이 있다. 이 3가지 방법 중에서 자신의 취향에 맞는 것을 선택해서 투자하면 된다. 하나씩 구체적으로 살펴보자.

첫째, 아예 30년 이상 된 구옥 단층 내지 저층(1~2층) 단독주택을 사서 멸실하고 신축하는 방법이다. 계약 후 멸실하고 신축하기까지 6~10개월이면 충분하다. 이 기간 동안은 자신이 거주하는 비용을 최소화해야 한다. 가족 수에 따라 원룸이나 투룸을 월세로 얻어 임시로 거주한다고 생각해야 한다. 왜냐하면 전세로 살면 신축하는 데 소요되는 자금 부담이 너무 크기 때문이다. 자신이 가진 자금을 최대한 활용해 제대로 된 다가구주택을 가지는 데 집중해야 하기 때문이다.

이때 가장 문제가 되는 것이 기존에 갖고 있는 부피가 큰 가전제품이나 가구들이다. 임시 거처인 원룸이나 투룸 주택에 들어갈 수 없기 때문에 과감히 정리해야 한다. 그리고 남은 짐은 잘 포장해서 이삿짐 보관창고에 맡기면 된다. 새로 지은 집에 들어갈 때는 입주 기념으로 새것으로 규모에 맞게 구입하길 바란다.

둘째, 신축한 지 몇 년 지난 다가구주택을 구입한다. 이는 투자금액이 3가지 방법 중에서 가장 많이 든다. 왜냐하면 신축한 사람이 땅값에 건축비를 포함하고 마진을 포함해서 매물로 내놓기 때문이다. 몇 년 지나지 않아 건물 감가상각이 얼마 되지 않은 상태로 가격을 책정하는 것이 보통이다.

이런 경우는 매도자의 특수한 사정으로 시세보다 무조건 싼 물건만 사야 된다. 그런 물건이 어디 있느냐고 반문할 수 있다. 그러나 발품을 팔고 평소 부동산중개사와 친분을 가지면서 물건을 구하다 보면 1년에 한두 건은 나온다.

사람이 살다 보면 급한 사정이 생기게 마련이다. 부모님이 사고나 질병으로 갑작스럽게 사망하셨을 때 상속대상 재산을 정리할 수 있다. 또는 사업을 하던 사람이 부도 직전에 황급히 처분하는 경우도 있다. 어떤 경우는 보증을 선 것이 잘못되어 급히 처분하는 경우도 있다. 살다 보면 급매가 나올 수 있는 경우가 의외로 많다. 이런 급매 물건을 살 때 전세보증금을 안고 사면 구입시 자금부담도 최소화하는 장점이 있다.

셋째, 건축된 지 20년 이상 된 다가구주택을 구입한다. 이런 주택은 건물 값을 산정하지 않고 매매된다. 즉 땅값만 치르고 건물은 공짜로 취득하는 것이다. 이런 물건은 소유권 이전 후에 바로 대대적인 리모델링을 해야 한다. 그렇게 해서 건물 수명을 신축에 버금가게끔 늘려놓고 세입자를 맞이하는 것이 좋다. 돈을 아끼려고 그냥 인수 후 임대하면 각종 하자를 치유하는 데 많은 노력을 감내해야 할 수 있다.

또한 오래된 주택은 제대로 된 임대수익을 얻을 수 없다. 따라서 이런 경우 반드시 리모델링을 해서 신축에 버금가는 임대료를 받아야 한다. 무엇보다도 임차인들의 하자 민원이 없어서 좋다.

이 방법은 첫 번째 방법인 신축하는 경우보다 빠른 시간 내에 리모델링이 가능하다. 1~2개월에 리모델링이 가능하기 때문이다. 당연히 비용측면을 고려해봐도 규모에 따라 다르지만 경험상 신축자금의 30% 내외에서 가능했다.

자본금이 소액이면
전세보증금을 활용하자

다가구주택을 매입하려면 기본적으로 주택 토지의 크기로 인해 투자금액이 많이 든다. 가진 돈이 소액이라면 자신이 거주하는 공간 외에는 모두 전세를 놓아야 한다. 그러니 전세세입자가 많은 주택을 구입해야 한다. 전세보증금은 이자를 지불할 필요가 없는 타인자본이기 때문이다.

임대를 주려는 투자에서 공실은 치명적이다. 그래서 전세세입자를 잘 구할 수 있는 위치여야 한다. 누구나 넓고 쾌적한 공간에서 살기를 꿈꾼다. 자신이 돈을 모으는 단계에서는 거주여건이 좀 열악하더라도 감수해야 한다. 하지만 구입하는 주택의 위치만은 주변 환경이 좋아져서 땅값이 오를 지역을 선택하는 것이 핵심이다.

다가구주택이나 다세대주택을 통째로 구입하라고 하는 이유가 있다. 자신이 투입하는 돈과 타인자본을 최대한 활용해 도심에서 내 땅을 많이 확보할 수 있기 때문이다. 그러면 매년 상승하는 땅값을 고스란히 만끽할 수 있다.

가진 종잣돈이 부족하고 독신이라면 이렇게 해보자. 지은 지 오래된 다가구주택을 보면 대지는 45평 내외다. 반지하에 2룸 2세대가 있다. 1층과 2층에도 2룸 2세대가 있다. 3층에는 3룸으로 주인세대가 구성되어 있다. 그리고 옥탑방 1칸이 있다. 종잣돈을 모으는 초기 단계에서는 옥탑방에 거주해보자. 보통 옥탑방은 건축물대장상에도 없는 경우가 대부분이다. 물탱크실, 계단실을 개조해서 사용하는 경우가 많다. 달리 보면 다가구주택에서 보너스 공간이다.

옥탑방은 여름에는 덥고, 겨울에는 춥다. 심지어 층고는 낮아서 큰 사람은 머리가 닿을 정도다. 그래서 전세나 월세를 놓아도 많이 받을 수 없는 것이다.

지하층부터 3층까지 7세대를 모두 전세로 내놓고, 자신은 옥탑방에 거주한다고 해보자. 서울지하철 2호선 구의역 근처를 대지 45평 기준으로 살펴보면 매매금액은 $3.3m^2$(평)당 2,500만 원으로 11억 2,500만 원이다. 전면적으로 수리 비용으로 약 1억 원을 지급했다. 지하 2룸은 8천만 원이고, 1층 2룸과 2층 2룸은 각각 1억 3천만 원이다. 3층 주인세대 3룸은 2억 원이다. 전세 총 합계금액은 8억 8천만 원이다. 매매금액과 전세보증금액 합계와의 차액이 3억 4,500만 원이다. 빌라 한 채 값으로 45평 다가구주택을 구입했다.

그런데 문제는 3억 4,500만 원의 종잣돈이 없다는 데 있다. 그래도 방법은 있다. 다세대주택을 '통매'로 사준 사례를 살펴보자. 여기서 '통매'란 다세대주택은 각 호실별로 개별 등기가 되어 있어 별도로 판매가 가능하지만 전체 호실을 일괄로 한 사람에게 매매하는 것을 말한다. 한 사람 소유인 다가구주택을 사는 것과 같은 효과다.

사례 지역은 서울지하철 7호선 먹골역 역세권지역이다. 이 지역은 땅값이 2017년말 기준 3.3m²(평)당 1,700만 원이다. 대지 면적은 50평이고, 매매금액은 8억 5천만 원이다. 서울 광진구 구의동보다 세대당 전세보증금이 2천만 원 저렴했다. 대략 전세보증금 합계액이 1억 4천만 원이 적은 7억 4천만 원이다. 지역에 따른 수리비용 차이는 거의 없다. 약 1억 원 지급했다. 그러면 매매금액과의 차액이 2억 1천만 원이다. 나도 할 수 있겠다는 용기가 생기지 않는가?

이상에서 열거한 방법 가운데 자신이 가진 자금과 투자금액 대비 가장 효율적인 조합을 찾으면 된다. 역세권이라서 임대료는 고평가 되어 있고, 지역여건상 땅값이 저렴한 지역을 선택해보자. 이런 지역에서 보물찾기를 하면 소액으로도 도심 속 내 땅 확보가 충분히 가능하다.

투자 포인트

내 집을 갖고자 하는 열망이 강하면 자금 문제는 해결할 수 있다. 무이자 타인자본인 전세보증금은 당신이 재테크를 하는 데 훌륭한 동반자가 된다.

위반건축물이라고 해서
피하기만 하지 말자

위반건축물은 있어선 안 되는 것이다.
그러나 현실에서는 그것이 곧 경제적 이익으로 직결된다.

부동산 물건을 찾으러 부동산중개업소를 다니다 보면 위반건축물로 등재된 것을 자주 소개받게 된다. 실제로 위반건축물은 주변에서 쉽게 볼 수 있다.

옥탑에 판넬로 보일러실을 꾸며놓은 것도 불법건축물이다. 일조권 사선제한을 받는 건물에서는 4층, 5층 부분이 2, 3층에 비해서 굴절된 부분이 발생한다. 그런데 3층과 같은 면적으로 4층 부분을 다른 재질로 달아서 낸 건물들이 모두 위반건축물이다.

이러한 위반건물은 2가지 경로로 행정당국에 적발된다. 매년 실시하는 항공촬영에서 적발되기도 하고, 주변 사람들의 민원에 의

한 신고로 적발되기도 한다. 위반건축물에 적발되면 철거될 때까지 '이행강제금'을 내야 한다.

대부분의 전문가들은 이런 위반건축물에 투자하지 말라고 한다. 그런데 위반건축물을 무조건 투자대상에서 제외할 것인가? 재테크 관점에서 위반건축물에 접근할 필요가 있다는 것을 여기에서 이야기하고자 한다.

위반건축물이란
무엇인가?

위반건축물은 전문가가 아니라도 건물 외양을 보면 대부분 알 수 있다. 주로 건물 준공 후 주 건물과 다른 재질로 달아서 낸 부분으로 표현되어 있다. 이런 물건이 행정당국에 적발되어 '이행강제금'을 내고 있는지는 공적장부를 확인해야 한다.

부동산에 투자하면서 각종 '공적장부'를 확인하는 것은 필수이자 상식에 속한다. 공적장부의 종류로는 토지이용계획 확인서, 토지대장, 건축물대장, 지적도, 부동산종합증명서, 부동산등기부등본 등이 있다. 그 중에서 위반건축물에 관해서는 건축물대장을 봐야 한다.

건축물대장에는 건축물 현황과 소유자 현황이 기재되어 있다. 그 외 건축물의 층수, 용도, 연면적, 주구조, 부속건축물, 주차장, 승강기, 오수 정화시설, 건축물의 에너지소비정보, 신축과 증축한 날짜 등이 기재되어 있다.

건축물대장은 일반 건축물대장과 집합 건축물대장으로 나뉜다. 일반 건축물대장에서는 단독주택, 다가구주택, 상가주택이 해당된다. 집합 건축물대장에서는 아파트, 연립주택, 다세대주택을 조회할 수 있다. 위반건축물에 해당하는 경우에는 건축물대장의 오른쪽 상단에 '위반건축물'이라고 기재되어 있다. 자세한 위반 내용은 건축물대장에서 '변동사항' 란에 기재되어 있다.

'위반건축물'이란 사용승인 후에 용도변경, 증축, 개축, 대수선 등의 행위를 할 경우 건축법에서 정해진 절차를 거치지 않고 무단으로 행한 건축물이다. 위반건축물의 적발은 인근 주민의 민원과 항공촬영에 의한 행정청의 적발로 나눌 수 있다. 행정청 단속공무원이 직접 자발적으로 현장을 방문해서 적발하는 경우는 그리 많지 않다. 간혹 정기 실사나 합동 단속방법으로 적발되는 경우도 있긴 하다.

위반건축물은 있어서는 안 되는 것이다. 그러나 현실에서는 건축법에서 허용하는 공간보다 좀더 많이 확보하고자 한다. 그것이 곧 경제적 이익으로 직결되기 때문이다.

'이행강제금'과
역발상투자

일단 위반건축물로 적발되면 먼저 일정기간을 두고 시정명령을 한다. 이에 응하지 않으면 '이행강제금'을 부과한다.

이행강제금은 단독주택의 경우 1년에 2회 이내에서 시정명령이 이행될 때까지 반복적으로 부과된다. 해당 지자체마다 차이는 있지만 실무적으로는 1년에 1회 부과된다. 때로는 사법당국에 건축법 위반으로 형사고발 조치도 가능하다.

이행강제금의 산정기준은 '건축법시행령 별표15'에 표기되어 있다. 이 기준과 지자체조례를 참조하면 위반 면적대비 이행강제금 산정이 가능하다.

이행강제금 부과는 건물 시가표준액이 기준이 된다. 건물 시가표준액은 건물 신축가격기준액에 구조별, 용도별, 위치별, 지수와 경과 연수별 감가율을 곱해 1m²당 금액을 산정한다. 이행강제금을 직접 계산하는 것보다 지자체에 문의하는 게 좋다.

현실에서는 위반건축물에 대한 행정대집행은 거의 사문화되어 특별히 도로법 위반사항이 아니면 강제철거 같은 집행은 하지 않고 있다. 건축주 입장에서는 건축법 위반으로 인해 얻는 이익이 이행강제금보다 많다면 금전적으로 이익이 크다. 그래서 위반건축물을 주위에서 쉽게 볼 수 있다.

일조권 사선제한을 받는 주택 사례
부동산중개업소를 다니다 보면 위반건축물로 등재된 것을 자주
소개받게 된다. 실제로 위반건축물은 주변에서 쉽게 볼 수 있다.

위반건축물이 특히 문제가 되는 것은 상가건물일 경우다. 임대에
문제가 발생한다는 소리다. 이미 허가업종이 임대되어 있어도 그
사이 위반건축물로 등재되면 동업종으로 양도양수가 되지 않는다.
위반건축물로 등재된 상가는 원칙적으로 허가업종은 불허되고 자
유업종만 임대가능하다. '자유업종'이란 세무서에 사업자등록만으
로 영업이 가능한 업종이다. 즉 지자체에 별도 신고허가를 받지 않
는 업종이다.

하지만 허가를 받아야 하는 업종은 임차인이 임대해도 영업허가
를 받을 수 없어 임대계약이 취소된다. 대표적으로 위반건축물에서
미용실과 부동산중개업이 허가되지 않는다. 이런 부동산을 매입할
때는 매수자가 우월적 지위로써 가격흥정을 할 수 있다. 자신이 창

고로 사용한다든지 위반건축물에서 할 수 있는 용도가 있다면 역발상으로 투자해 좋은 가격에 매수할 수 있는 기회일 수 있다.

한편 불법건축물은 은행융자가 되지 않는 경우가 있다. 세입자들은 전세자금 대출도 받을 수 없다. 이런 사항은 매입자금 계획시에 반드시 고려해야 한다.

다가구주택은 단독주택의 한 종류다. 따라서 실무에서 단독주택에 대한 이행강제금은 위반사항이 시정될 때까지 매년 1차례 계속 반복적으로 부과된다. 그러나 분양이 되고 개별등기가 되는 다세대주택은 지자체조례에 따라 다를 수 있지만 보통 5년간 한시적으로 부과된다. 신축한 지 5년이 아닌, 단속되어 부과된 지 5년이다.

그런데 부동산투자자 입장에서는 위반건축물을 무조건 피해야 할 대상일까? 위에서 설명한 '다세대주택을 거래할 때 대응법'으로는 매수인은 5년간 납부할 이행강제금보다 더 할인해서 매수하면 된다. 5년간 이행강제금이 부과되므로 이행강제금의 한도를 예측할 수 있다는 장점이 있다.

한편 '다가구주택을 거래할 때 대응법'은 크게 3가지로 나누어볼 수 있다. 첫째, 부과된 이행강제금을 파악해서 향후 건물 수명만큼 곱해서 가격흥정에 활용해야 한다. 둘째, 위법사항을 부각시켜 철거비를 크게 계상한 금액을 할인받아 매입한다. 셋째, 위반해서 얻는 수익이 이행강제금을 감당하고 충분한지를 검토한 후에 인수한다.

위반건축물이라고 해서 무조건 피하기만 할 일은 아니다. 위반 내용을 파악해서 치유 가능 여부를 살핀다. 기왕의 위반사항을 안고 가야 한다면 이행강제금의 과다 유무를 파악한다. 위반으로 얻는 수익의 정도를 비교한다. 한시적인지 영구적인지 살핀다. 세심하게 확인 후 가격흥정에서 우월적 지위를 가지고 임한다면 좋은 거래를 이끌 수 있다.

▌투자 포인트

위반건축물이라고 해서 무조건 피하기만 하지 말자. 적극적으로 분석하고 대응해서 좋은 거래 대상으로 접근하면 숨은 보석이 될 수 있다.

투자금은 확 낮추고
효과는 높이는 리모델링

분명한 사실은 리모델링을 해서 사용하면 신축하는 것보다
비용과 시간 변에서 많이 절약된다는 것이다.

다가구주택을 구입할 때 신축주택은 투자금액이 부담된다. 도심의
신축주택은 소규모 건축업자들이 구옥을 매입해 허물고 지은 것이
대부분이다. 자신이 살던 집을 헐고 신축한 사람들은 거주가 목적
이므로 매물로 내놓지 않는다. 시장에 나온 매물은 대부분 주택 신
축업자들이 지은 물건이다. 이들은 구옥을 땅값만 주고 사서 신축
에 들어간 공사비와 이윤을 붙여서 매물로 내놓는다. 이윤이 적게는
2억 원에서 3억 원은 된다.

　그래서 직접 공사를 수행하거나 경험이 많은 현장대리인을 채용
하고 구옥을 매입해 신축하길 권한다. 그러면 1억~2억 원 정도 비

용절감을 볼 것이다. 1장의 칼럼 '다가구주택 재활용으로 수익을 극대화한다'를 상기하면서 읽으면 이해가 쉽게 될 것이다.

리모델링을 하기에
좋은 건물이란?

신축하지 않고 효과적으로 투자하는 방법이 있다. 그것은 20년 이상 된 구옥을 사서 리모델링해서 건물 수명을 연장해 사용하는 것이다. 리모델링해서 사용할 수 있는 건물은 다음과 같은 5가지 조건이 필요하다.

첫째, 땅값만 주고 매입할 수 있어야 한다. 건축한 지 20년이 된 건물들은 외양이 낡아서 거의 땅값만으로 매입할 수 있는 물건이 있다.

둘째, 건축물 구조 및 재질이 견고해야 한다. 리모델링을 하려면 기본적인 건축물 골격은 튼튼해야 한다. 벽돌집보다는 철근 콘크리트 구조여야 튼튼하다.

셋째, 지하 1층 및 지상 3층 옥탑방으로 구성되어 있어야 한다. 과거에 지어진 건물은 현재보다 용적률 측면에서 양호한 것이 많다. 내가 투자했던 첫 단독주택은 건물간 이격거리가 없어서 내 집 벽과 이웃집 마당이 접해있었다. 주차장도 없었다. 하지만 건물 연면적은 현재의 건축법으로 지은 집보다 넓게 사용하고 있다. 지하 1층과 지상 3층 건물을 헐고 새로 지으면 공간적 손실을 볼 수 있다. 오히려 리모델링해서 사용하는 것이 더 유리하다.

넷째, 전철역세권으로 임대수요가 확실해야 한다. 건물의 외관보다는 무엇보다 입지가 좋아야 한다. 입지가 양호해야 임대하기에 좋다.

다섯째, 잔금일에 명도가 용이해야 한다. 전 세대를 명도하고 일시에 리모델링하는 것이 비용 면에서 절감된다.

나는 얼마 전 서울 광진구 구의역세권 자양시장 근처에 지은 지 30년 된 지하 1층, 지상 3층의 상가주택을 매입했다. 2층과 3층은 각각 3룸으로 구성되어 있었다. 방 내부가 낡아서 1억 5천만 원의 전세를 주고 있었다. 2층과 3층 전세보증금을 안고 주변시세보다 저렴하게 매입했다.

매입할 당시 고려한 것은 다음의 3가지였다. 첫째, 이웃집과의 관계상 신축은 불가능하다. 둘째, 리모델링을 하면 지금의 전세보증금보다 두 배인 3억 원을 더 받을 수 있다. 리모델링 비용은 추가적으로 더 받을 수 있는 전세보증금의 20~25%인 7천만 원에서 8천만 원 정도가 예상된다.

매입 후 2층 세입자가 3층 세입자보다 한 달 먼저 나가게 되었다. 한 달이라도 리모델링 공사기간을 단축하려고 2층부터 전면 리모델링을 했다. 그 후 3층 공사를 진행했다. 그렇게 하다 보니 2달이

소요되었다. 모든 공정이 2번씩 반복되니 인건비에서 많은 손실이
발생했다.

1년 전 지인의 물건을 리모델링할 때는 모든 세입자를 다 내보내
고 리모델링을 했었다. 그렇게 하는 것이 비용 측면에서 훨씬 효율
적임을 절감했다. 결국 리모델링을 함에 있어서 가장 큰 비중을 차
지하는 것은 인건비다. 규모가 크지 않은 건물을 층별로 나누어 공
사를 함으로써 인건비가 50% 이상 더 들어간 것이다.

건축법 개정안 시행으로
리모델링이 더욱 빛난다

나는 신축과 리모델링을 모두 직접 해봤다. 매입 부동산의 여건에
맞게 둘 중 하나를 선택해야 한다. 분명한 사실은 신축하는 것보다
리모델링이 비용과 시간면에서 많이 절약된다는 것이다.

리모델링 비용은 신축 비용의 30% 정도면 충분하다. 리모델링
기간도 신축 기간의 1/3수준이다. 리모델링 비용이 덜 들고 기간이
단축된 것에 비해 장차 임대수준은 신축 건물의 80%는 유지한다.
투자금액을 최소화하면서 효과를 높이는 방법으로 리모델링을 적
극 추천한다.

또한 2018년 6월 27일자로 '건설산업기본법'의 개정이 시행되

어 앞으로 리모델링이 더욱 성행할 것으로 예상된다. 건설산업기본법이 개정되면서 연면적 $200m^2$ 이상을 신축하려면 종합건설면허를 소지해야만 공사를 할 수 있게 된 것이다. 지금까지 도심이나 신도시 상가주택을 일반인이 직영공사로 하던 것이 이번 개정을 통해 금지되었다.

투자 포인트

리모델링을 하기에 좋은 물건을 고르는 안목을 기르자. 때로는 리모델링을 하는 것이 실속있는 투자가 된다.

돈이 부족하면
착한 대출을 활용하라

대출이면 부채인데 거기에 '착한 대출'과 '나쁜 대출'로 구분할 이유가 뭔가?
그 분류는 순전히 대출금을 어떻게 활용하는가를 기준으로 구분하는 방법이다.

종잣돈이 조금이라도 모이면 투자를 생각해야 한다. 저금리시대에
는 더욱 그러하다. 부동산투자를 하려니 큰 돈이 들어갈 것 같다. 그
래서 조그만 종잣돈을 어떻게든 불려 보려고 주식투자를 한다. 개
미투자자의 한 사람이 된다. 그러나 대부분 개미투자자의 주식투자
는 실패한다.

적은 종잣돈으로도 부동산투자를 해야 한다. 부동산투자라기보
다는 내 집 마련을 하는 것이다. 누구나 선호하는 위치에 살고 싶은
집을 구입하려면 큰 돈이 든다. 하루아침에 큰 돈을 만들 순 없기 때
문에 대출의 힘을 빌려야 한다.

막상 대출을 해서 부동산을 사려니 겁부터 날 것이다. 빚을 내어 투자를 한다는 것은 두렵다. 두려움은 알지 못함, 즉 무지(無知)에서 온다. 잘 알면 자신감이 생긴다. 자신감은 두려움을 이기는 강한 무기다. 알려고 노력해야 한다. 자신의 노력이나 실력이 부족하다고 생각되거나 시간을 단축하려면 대가를 지불해서라도 전문가의 조력을 받아야 한다. 그것이 경제적으로 이익이고, 투자 승률을 높이는 길이다.

착한 대출과
나쁜 대출의 차이점

나는 10여 년간 부동산으로 재테크를 하면서 부채를 적극 활용했다. 현재 살고 있는 원룸주택도 마찬가지다. 아파트 전세금에 대출금을 합해서 구옥을 부부공동명의로 매입했고, 그 후 원룸주택으로 신축했다. 매입과 신축 후 최고한도로 대출을 받았다.

지금도 그 부채를 10년 이상 연장해 쓰고 있다. 해마다 대출 연장을 위해서 은행에 가야 한다. 아내는 은행에 갈 때마다 부채를 갚자고 성화다. 하지만 은행이자보다 더 많은 수익을 올릴 자신이 있기 때문에 나는 이렇게 말한다.

"가진 것은 없지만 나름대로 공부해서 돈이 눈에 보이는데 욕심을 안 낼 사람이 누가 있겠는가? 대출이라도 해서 투자를 멈추지 않 았기에 이렇게 자산을 일구었지 않은가? 빚지는 것이 두려워 아무 것도 하지 않으면 아무 일도 일어나지 않는다. 저축만 해서 뛰는 집 값을 절대로 따라 잡을 수 없다."

대출에도 '착한 대출'과 '나쁜 대출'이 있다. 대출이면 부채인데 거기에 '착한 대출'과 '나쁜 대출'로 구분할 이유가 뭔가? 그 분류 는 순전히 대출금을 어떻게 활용하는가를 기준으로 구분한다.

'착한 대출'은 사용처가 반드시 원금이 보장되고 대출이자율 이 상으로 수익을 주는 곳에 투자할 때 대출금을 쓰는 것이다. 반대로 '나쁜 대출'은 대출한 돈을 소비하는 데 써버리는 것이다. 투자를 해 도 원금이 보장되지 않고, 잘하면 대박이지만 잘못되면 쪽박을 차 는 위험한 투자에 사용하는 경우도 포함된다.

'내재가치 분석'이 맨앞이고, '자금계획'이 맨뒤다

2016년 가을에 지인의 의뢰를 받아 투자 물건을 알아본 적이 있다. 좋은 물건이라고 판단되는 것을 동네 중개업소에서 소개 받았다.

물건의 위치나 도로 상태를 보고 직감적으로 괜찮은 물건이라 생각되어 지인에게 즉시 매입할 것을 권했다. 하지만 지인은 자신의 집이 팔리지 않았다며 지금 당장은 계약할 수 없다고 한다.

기회의 순간을 잡지 않으면 놓쳐버린다. 누군가에게 넘어가버린다는 것이다. 결국 내가 그 기회를 잡기로 하고 계약을 했다. 갑자기 결정한 것이라 잔금일자를 최대한 늦추고 그 사이에 자금을 마련할 요량이었다.

매입한 부동산은 주변 땅값보다 저렴했다. 저렴한 이유가 있었다. 과거 두 필지 위에 건물을 하나로 지었다. 하지만 건축물대장과 등기부등본은 별개로 독립적으로 되어 있었다. 즉 재산권 행사는 독자적으로 아무런 문제없이 할 수 있다. 단지 건물을 멸실하고 신축하고자 한다면 불가능했다. 건물을 물리적으로 절반으로 나눌 수 없는 구조다. 그래서 건축업자들은 투자금이 묶이니까 섣불리 매입을 하지 못했다.

중개업소에서는 건축업자들에게 매매를 성사시키려면 나머지 매물로 나오지 않은 소유자를 설득해 매각하도록 해야 했다.

부동산투자에서 '만지면 커진다'는 말이 있다. 팔려고 하지 않는 사람을 설득해 팔게 하려면 높은 값을 부르는 법이다. 한편 다른 소유자는 이렇게 생각한다. '자신 외에 누가 옆집 물건을 사겠는가? 아무도 살 사람이 없다.' 그래서 그는 만약 옆집 물건을 사게 된다면 터무니없이 가격을 낮추려 했다. 그러던 차에 내 눈에 들어온 것이다.

결국 은행 부채와 친인척의 도움으로 내 물건을 만들었다. 주변 땅값에 비해 평당 약 500만 원 저렴하게 매입했다. 대지가 46평이니 2억 3천만 원이나 저평가된 물건을 매입한 셈이다.

대출을 위해 은행에서 감정을 했다. 매매금액보다 감정가가 더 높게 나온다고 했다. 대출담당직원의 말에 의하면 감정평가사가 매매계약서상 매매금액이 좀더 높았다면 감정평가금액을 더 높게 감정할 수 있다고 했다. 그 말은 시세보다 싸게 구입했다는 걸 검증해준 것이다. 이런 경우는 드물다.

30년 된 구옥이라 대대적인 수리를 했다. 1층에 상가가 4개 있다. 지하공간은 양쪽 집이 한 사람에게 임대하고 있다. 투자금액을 살펴보니 주택구입과 수리비를 합쳐서 약 9억 원 들었다. 은행 융자로 3억 원을 활용했다. 보증금 4억 3천만 원에 매월 230만 원의 임대료가 나온다.

순수 투자금은 1억 7천만 원인 셈이다. 융자금 이자와 친인척에게 빌린 돈의 이자를 주고도 내 주머니에 돈이 들어오는 구조다. 시간만 지나길 기다리고 있다. 세월과 동업을 하고 있어 절대 잃지 않는 게임이다. 착한 대출을 이용한 내 경험의 최근 사례다.

나는 투자를 할 때 '투자판단서'를 작성한다. 이때 투자판단시 고려할 5가지 원칙을 나름대로 세운다. 원칙1은 '투자 대상 부동산의 내재가치를 분석한다', 원칙2는 '무조건 시세보다 싸게 사야 한다', 원칙3은 '안정성이 있는가?', 원칙4는 '환금성이 있는가?', 원칙5는 '자금 계획을 점검한다'이다.

위 5가지 원칙 중에서 '자금계획'이 맨 뒤다. 이것은 나만의 전략이다. 일반적으로는 자신의 자금계획을 먼저 고려해 투자한다. 그러나 나는 물건의 내재가치가 확실하고 위에서 언급한 원칙들이 충족한다면 과감하게 차입금을 일으켜서라도 투자를 실행한다.

하지만 이때도 반드시 지켜야 할 또 다른 원칙이 있다. 투자한 물건에서 나오는 수익으로 이자를 충족시키고도 남는 물건에 투자해야 한다. 그냥 막연하게 나의 판단이 옳을 것이라고 생각하는 것은 너무 낭만적이다.

투자의 세계는 '절대적'이란 말이 통하지 않을 때가 더 많다. 자신이 판단이 틀릴 수 있다는 점을 생각해야 한다. 그럴 때 믿을 수 있는 것은 투자로 인해서 꾸준히 발생하는 수익이다. 오랜 시간을 기다려 매매차익이 나는 것은 보너스로 생각해야 한다. 나는 당장 수익이 나는 투자방식을 선호한다.

투자 포인트

투자대상 부동산에 집중하라. 물건이 좋으면 대출을 해서라도 내 것으로 만들어라. 물건 자체에서 나오는 수익으로 대출이자를 감당할 수 있다면 금상첨화다.

다가구주택과 상가주택은
직장인에게 안성맞춤

직장인들이 은퇴하고 나서 자신이 거주하면서 수익을 창출할 수 있는
부동산으로는 상가주택과 다가구주택이 좋다.

내가 대학 졸업반일 때에는 직장에 들어가기가 지금보다는 쉬웠지
만 어렵긴 마찬가지였다. 직장을 구할 때에는 매일 출근하는 직장
인들이 얼마나 부러웠는지 모른다.

하지만 직장인이 되고 보니 또 다른 문제에 직면했다. 직장생활
15년 차가 되니 직장인들이 갖고 있는 고민거리를 잘 알게 되었다.
'언제까지 직장생활을 할 수 있을까?' '퇴직하면 무엇을 하면서 먹
고 살까?' 이 2가지 화두는 대한민국 직장인들이 공통적으로 가지
고 있는 생각이고, 나 역시 마찬가지였다.

직장에서 은퇴해도 오랫동안 먹고 사는 데 지장이 없으려면 자산

에서 수입이 나오는 구조를 만들어야 한다. 그 방편으로 내가 직접 경험하고 컨설팅한 투자사례 2가지를 소개하겠다.

직접 경험하고 컨설팅한
2가지 투자사례

투자사례 1

별내 신도시에 이주자택지를 매입해서 상가주택을 신축한 적이 있다. 이주자택지는 원주민들에게 보상차원에서 공급하기 때문에 택지개발 사업시행자의 택지 조성원가의 80%상당에 공급한다. 따라서 당연히 프리미엄이 붙는다.

그 당시 나는 투자할 돈이 없었다. 마침 전세로 살던 누나가 아파트를 구입하면서 잔금대출을 받게 되었다. 누나는 이사를 가면서 반환받은 전세금으로 대출금을 갚으려 했다. 그 돈을 빌렸다. 이주자택지에 붙은 프리미엄과 토지대금 중 계약금을 낼 정도였다.

LH공사에 납부해야 할 토지대금 중 계약금을 제외한 나머지는 2년간 6개월마다 분납하는 조건이었다. 나는 돈이 없었기에 그마저도 연체했다. 연체하다가 1차 중도금중 일부는 납부했다. 만에 하나 계약 해지를 당하지 않기 위함이었다.

물론 택지지구에서 이주자택지는 분양받은 토지대금의 20%만 납부하면 80%는 은행에서 융자를 해준다. 하지만 은행에서 융자해서 대금을 지불하고, 연체가 되면 신용불량자가 된다. 그러나 LH공사의 토지대금을 연체해도 신용불량자가 되지 않는다. LH공사는 금융기관끼리 맺은 '신용정보 관리규약'을 적용받는 금융기관이 아니기 때문이다. 돈이 없기에 전직 금융기관 근무경험으로 터득한 지식을 활용한 것이다.

2년 후 토지사용 가능시기가 되었다. 잔금을 모두 납부해야 토지사용승낙서를 발급받을 수 있었다. 그때까지 연체이자가 5천만 원으로 불어났다. 하지만 그동안 프리미엄 상승분은 2억 원이었다. 연체이자를 감안해도 1억 5천만 원의 투자수익이 났다.

그렇게 마련한 대지에 건물을 직접 신축했다. 1층에 상가 3개 2~4층에 6가구를 구성했다. 건물을 완공하고 보니 전세보증금으로 건축비를 감당하고도 2억 원 가량 남았다. 1층 상가에서는 월세가 매달 나오고 있다.

투자사례 2

직장생활을 성실하게 마치고 아파트 한 채와 퇴직금을 가지고 있던 친척의 이야기다. 퇴직한 직장인은 일단 고정적 수익이 없다. 물론 개인에 따라 다르다. 계속해서 제2의 직장을 가지고 소득을 창출할 수 있다면 자기 방식대로 살면 된다. 그렇지 않고 국민연금이나 개인연금에 의존하는 사람들이 자신의 아파트에 계속 거주하는 것은 재테크 측면에서 바람직하지 않다.

　나는 친척에게 그간 살고 있던 둔촌동 주공아파트를 매도하게 했다. 그 후 서울지하철 2호선 구의역 역세권에 20년 된 지하 1층, 지상 3층 다가구주택을 매수했다. 땅값만으로 구입하고, 건물 값은 거의 지불되지 않았다.

　2층은 당사자가 거주할 수 있게 꾸몄다. 물론 과거 30평형 아파트 보다는 좁았다. 나머지 층도 향후 20년은 거뜬히 견딜 수 있게 모든 설비배관과 전기통신 등 골조부분을 제외하고 새롭게 리모델링을 했다. 좁은 옥탑방도 세입자들이 선호하게 구조를 변경했다. 새롭게 단장을 하고 재임대했다. 당사자가 거주하고도 관리비를 포함해 400만 원의 수익을 올리고 있다.

　그 친척은 얼마 되지 않는 월급이지만 생활비 걱정없이 계약직으로 관공서에서 즐겁게 일을 한다. 왜? 집에서 생활비가 나오고도 남기 때문이다.

직장인에게 다가구주택을
추천하는 이유

이 2가지 사례가 좋은 길잡이가 될 것이다. 직장인들이 은퇴하고 나서 자신이 거주하면서 수익을 창출할 수 있는 부동산으로는 상가주택과 다가구주택이 좋다. 다가구주택과 외양은 같지만 별도로 세대별 등기가 가능한 다세대주택을 통째로 매수하는 것도 좋은 방법이다.

다가구주택이나 상가주택에 투자하는 것이 왜 좋을까? 다가구주택이나 상가주택이 직장인이나 자영업자들에게 좋은 이유를 구체적으로 따져 보자.

첫째, 적은 돈으로 매수할 수 있다. 다가구주택은 주인세대 외에 여러 세대로 구성되어 있다. 적어도 주인이 거주하는 공간을 제외하고도 6세대 이상이다. 그 부분을 전세로 놓으면 자신의 돈은 적게 투자된다.

둘째, 직장인들이 현직에 있으면서 구입시 돈이 부족해 전세 놓은 부분을 하나씩 월세로 전환하면 은퇴 후에 완벽한 수입원이 된다.

셋째, 안전하게 자산을 불리는 수단이다. 다가구주택이나 상가주택이 깔고 있는 토지가격이 인플레이션율 이상으로 매년 상승한다. 투자를 함에 있어서 매년 투자수익이 인플레이션율에도 못 미치는 경우가 있다면, 분명히 잘못된 투자다. 꾸준히 토지가격이 인플레이션율과 금리를 합한 것보다 더 오르는 지역을 고르는 것이 핵심이다. 대도시, 역세권, 사람이 모이는 곳, 이 3가지 기준으로 투자할 곳을 찾으면 된다.

나는 상가주택을 구입할 당시, 15년간 직장생활을 그만두고 보증보험 대리점을 하고 있어서 매월 안정적인 수입이 없었다. 하지만 부동산에 대한 관심과 공부를 하고 있었기에 이주자택지 투자에 대한 확신만은 가지고 있었다. 그런 자신감으로 부채를 일으켜 과감한 투자를 했다.

그때 '내가 직장생활을 계속하고 있어서 이자를 상환할 수 있는 능력을 가졌다면 더 많은 투자를 할 수 있을 텐데' 하는 아쉬움이 많았다. 직장생활을 할 때에는 공부가 덜 되어 투자에 대한 확신이 서지 않는 게 문제였다.

직장생활을 열심히 하면서 틈틈이 공부하고 자신감을 길러서 하루라도 빨리 좋은 물건을 구입해야 한다. 이때 자신의 실력에 자만하지 말아야 한다. 투자분석시 전문가를 활용하면 귀중한 시간을 절약할 수 있다. 또한 실패를 줄일 수 있다. 사고의 전환과 실행이 부동산투자의 정답이다.

투자 포인트

은퇴해서 수익이 나오지 않는 집에서 산다는 것은 스트레스다. 은퇴시기에 맞추어 자산에서 수익이 나오는 구조를 만들어야 한다. 그런 부동산으로 다가구주택과 상가주택을 추천한다.

어떤 일이든 무조건 잘 되거나 무조건 안 되는 것은 아니다. 다가구 주택이라고 무조건 좋을 순 없다. 4장에서는 좋지 않은 다가구주택은 어떤 게 있고 그 주택을 어떻게 하면 좋게 만드는지 구체적인 방법들을 살펴보았다. 더 나아가 생산자적 자세로 단독주택을 다가구 주택으로 만드는 방법도 제시했다. 신축을 염두에 둔다면 미리 설계가 잘 나오는 땅을 보는 안목도 가질 수 있을 것이다.

4장

이런 다가구주택은
폭탄이다

아무도 찾는 이 없으면
힘들고 괴롭다

다가구주택은 나 이외에 다른 사람들과 함께 살아가야 함을 전제로 한다.
그러려면 나 외에도 다른 사람들이 선호하는 것이어야 한다.

'저 푸른 초원 위에 구름 같은 집을 짓고 한 백년 살고 싶어.' 은퇴 후에 유행가 노래 가사 같은 삶을 살아봐야겠다고 혹시 생각한 적은 없는가?

사람마다 취향이 다르다. 푸른 초원보다 편리한 환경을 갖춘 도심을 선호하는 사람들이 더 많아졌다. 전원주택을 지을 때도 서로 군락을 이루지 않고 혼자 떨어져서 독특한 형태로 집을 짓고 사는 사람이 있다.

이들이 집을 매매할 때 많은 어려움을 겪는 것을 보았다. 대중성이 결여되어 있기 때문이다. '몰(Mall)세권'이란 말이 있다. 백화점,

대형마트, 아울렛 등 쇼핑몰 인근 아파트를 말한다. 쇼핑몰이 끼치는 영향을 받는 지역이다. 그만큼 요즘 사람들이 생활의 편의를 중요시한다는 것이다.

다가구주택의 위치를
선택하는 기준들

다가구주택을 선택할 때에는 가장 먼저 위치를 잘 골라야 한다. 일단 다가구주택을 선택한다는 것은 나 이외에 다른 사람들과 함께 살아가야 함을 전제로 한다. 그러려면 나 외에도 다른 사람들이 선호하는 것이어야 한다. 그래서 위치를 선택할 때 다음과 같은 7가지 기준을 제시한다.

첫째, 서울, 수도권 역세권 혹은 지방 대도시나 지역 핵심도시여야 한다. 일본의 경우가 타산지석이 될 것이다. 〈매일경제신문(2017년 7월 7일)〉에 실린 도쿄 특파원의 기사를 보면 일본인구의 감소와 지방에 빈집이 증가하는 심각성을 볼 수 있다. 지방인구 감소로 인한 빈집 증가가 일본의 골칫거리다. 2013년 820만 채에 달하는 것으로 조사된 빈집은 2033년에는 2,167만 채에 달할 것으로 예상했다. 하지만 도쿄, 오사카, 나고야 등 3대 대도시권의 인구는 오히려 0.06% 증가한 6,453만 명에 달한다. 이들 3대 대도시권의

2017년 상업지 공시지가가 평균 3.3%나 오른 것과는 크게 대비된다. 우리나라도 농촌에 고령인구가 줄어들면 공실이 증가하는 것을 곧 목격할 것이다. 그래서 서울, 수도권 역세권 혹은 지방 대도시나 지역 핵심도시여야 하는 것이다.

둘째, 일자리가 가까운 곳이어야 한다(직주근접). 무엇보다도 일자리가 있어야 사람이 몰리는 법이다. 그래서 산업단지 인근이나 대기업이 있는 도시를 선호한다. 농촌의 공동화도 결국 일자리 문제로 해석할 수 있다.

셋째, 학군을 생각해야 한다. 우리나라는 교육열로 둘째가라면 서러운 국민들이다. 때문에 명문학교 근처의 아파트 값이 다른 지역보다 높다.

넷째, 생활편의시설이 잘 갖추어진 곳이어야 한다. 쇼핑몰, 대형마트, 영화관, 운동시설 등을 모두 갖춘 대형 쇼핑몰이 들어서면 인근 아파트가격이 상승한다. 비단 대규모 쇼핑몰뿐만이 아니라 종합병원, 공원 등이 거주지 인근에 있으면 지가가 상승하기 마련이다.

다섯째, 향후 재개발하기 좋은 물건이어야 한다. 건물은 시간이 지나면 언젠가는 재건축을 해야 한다. 재건축하면 자산가치는 오르는 법이다. 그런데 혼자 판단으로 재건축할 수 있는 건물은 다가구주택 밖에 없다. 나머지는 타인과 동업으로 재건축을 해야 한다. 재개발이나 재건축을 함에 있어서 걸림돌이 적은 물건이면 좋다.

여섯째, 주변 환경이 좋아질 곳이어야 한다. 주변에 혐오시설이 있다가 이전한다든지, 방치되었던 땅이 좋게 개발되면 인근 땅값이 오른다.

일곱째, 땅값이 비싼 지역과 가깝거나 접근하기 쉬울수록 좋다. 서울에서는 강남과 가깝거나 전철노선이 강남을 통과하는 곳(2호선, 9호선, 7호선, 3호선)이 좋다는 말이다. 지방도 이와 유사한 방향으로 땅값이 결정된다고 보면 된다.

앞에서 열거한 7가지 조건과 거리가 멀면 생활하기가 불편하다. 그러면 임대차에도 불리해 공실률이 높아진다. 다가구주택에서 공실률은 수익률을 잠식하는 주범이다.

다가구주택은 혼자 사는 게 아니기 때문에 다른 사람들이 찾지 않으면 주인은 세입자들이 이사 갈 때마다 자금문제로 스트레스를 받는다. 그래서 위치가 매우 중요하다.

투자 포인트

다가구주택에 투자하는 것은 여러 가구가 함께 사는 집을 고르는 것이다. 나 이외에도 다른 사람들이 선호하는 곳에 투자하는 것이 핵심이다.

경제적이면서도 효과적으로
리모델링을 하는 방법

투입비용으로 늘릴 수 있는 임대료 상한선을 인지하고
리모델링 수준을 결정해야 한다.

'걸레'는 더러운 것의 상징이다. '걸레는 빨아도 걸레'라는 말도 있다. 걸레를 아무리 빨아봤자 사람의 몸을 닦는 수건으로 쓰지 못하는 것에 빗대어 쓰는 말이다. 이 말은 부동산에서도 맞는 말이다. 부동산에서는 위치와 형상이 중요하기 때문이다.

위치가 열악한 곳에 있는 오래된 구옥을 리모델링할 때는 주의해야 한다. 너무 과도한 비용을 투입해도 그에 상응하는 효과가 나타나지 않는다. 『10년 안에 꼬마빌딩 한 채 갖기』의 저자 임동권은 자신의 오랜 경험상 "리모델링할 때는 매매가의 5~15% 이내의 비용을 들이되 최대치가 15%다"라고 말했다. 리모델링 비용을 투입해서 임대 수익을 높이는 데는 지역적 한계라는 마지노선이 있다는 것이다. 투입비용으로 늘릴 수 있는 임대료 상한선을 인지하고 리모델링 수준을 결정해야 한다. 그 이상을 투입해도 임대료 상승에 따른 자산가치 증대에는 한계가 있다는 말이다.

내가 실전에서 경험한 사례를 보면 한 건은 9억 원에 구입해 8천만 원의 리모델링 비용이 들었으니 8.8%다. 다른 한 건은 9억 3천만 원에 구입해 1억 5천만 원의 리모델링 비용이 들었으니 16.1%였다. 8.8%인 것은 지하 1층, 지상 3층 건물이다. 지하층은 봉제공장으로 임대주고 있었고, 1층은 상가였다. 그 부분은 수리비가 들지 않아서 비교적 적게 들었다.

16.1% 든 것은 지하 1층, 지상 3층 및 옥탑방이 있었고 전면 리모델링을 해서 좀 많이 들었다. 하지만 리모델링 비용의 과다 유무와 효율성은 각 물건이 가진 특수성과 리모델링 후 수익성을 고려해 판단할 문제다.

리모델링을 할 때
고려해야 할 것들

내가 리모델링을 할 때 중요하게 고려했던 사항은 크게 6가지로 정리할 수 있다.

첫째, 물(水)관리다. 리모델링을 할 때는 상·하수도 배관을 모두 교체해야 한다. 오래된 수도관은 주철 재질로 되어 있다. 이런 수도관은 콘크리트 벽 안에서 부식되어 겨우 지탱하고 있는 경우가 있다. 교체를 위해 콘크리트를 제거해보면 금방 터질 것 같은 위험한 상태다. 그래서 수도배관과 보일러 배관은 최근 검증된 엑셀파이프 종류 재질로 교체하면서 하수배관도 튼튼한 PVC 재질로 골라야 한다. 콘크리트 건물은 몇백 년의 수명을 가진다고 한다. 그러나 대부분의 건물 하자는 그 속의 내부 배관들의 수명이 짧아서 발생한다고 보면 된다.

둘째, 열(熱)관리다. 과거에는 보온 단열재의 성능이 좋지 않았다. 창호도 지금의 것과 단열성능이 비교가 되지 않는다. 그래서 오래된 집은 외풍이 심해서 겨울에는 춥다. 이 부분에 신경을 써서 외벽과 접한 부분에 단열재를 보강해야 한다. 창문도 단열성능이 뛰어난 것으로 교체해야 한다.

셋째, 전기 및 통신선을 정비한다. 전기선은 대부분 재활용이 된다. 그러나 과거에는 인터넷환경이 아니어서 광통신선이 구비되어 있지 않다. 인터넷선을 거실이나 각자의 방에서 손쉽게 연결할 수 있게 해야 한다. 그렇지 않으면 랜선을 연결해 끌어와야 해 외관상 보기에 좋지 않다.

넷째, 옥상 방수공사를 한다. 건물내부에서의 물관리 못지 않게 외부에서 물이 스며들지 못하게 하는 것도 중요하다. 구옥들 중에서는 슬라브지붕 구조가 많다. 지붕이 시멘트와 방수기능이 떨어져서 주기적으로 방수공사를 해 누수를 막아야 한다.

다섯째, 욕실 및 주방을 개량한다. 주택을 임대하거나 매매하는 데 있어서 결정권을 가진 사람이 누굴까? 바로 여성들이다. 여성의 마음을 사로잡는 것은 욕실과 주방가구들이다. 욕실의 분위기를 좌우하는 것은 뭐니뭐니해도 타일색상이다. 욕실이 좁다면 타일이 그리 많이 들어가지 않으므로 비싸고 고급진 것을 택해도 된다. 그 다음은 천정이다. 최근에는 돔천정을 많이 시공한다. 세면대나 수전 제품도 세련된 최신 유행의 제품을 고르는 것이 좋다. 특히 조절밸브 같은 부품은 비싸더라도 부식에 강하고 수명이 긴 제품을 선택한다.

여섯째, 벽지와 바닥재와 조명으로 리모델링의 마지막 꽃을 피우자. '보기 좋은 것이 먹기도 좋다'는 말이 있다. 배관과 전기등 내부 인프라에 대한 리모델링을 아무리 잘해도 사람들은 겉모습을 보고 선입관을 가지게 된다. 일단 첫눈에 끌리는 것이 있어야 한다. 그것이 바로 바닥재와 벽지 조명이다. 리모델링 부분에서 그렇게 큰 돈을 들이지 않고도 분위기를 새롭게 연출할 수 있다.

이상의 내용을 간단하게 정리해보자. 먼저 리모델링을 함에 있어서 해당 물건이 위치한 지역분석을 토대로 임대료 수준파악이 선행되어야 한다. 그 후 지역과 물건에 적당한 비용을 투입해서 리모델링을 해야 한다. 리모델링에 과도한 비용을 투입해도 그만큼 효율이 나오지 않는다. 하지만 건물 수명을 연장하는 데 꼭 필요한 것에는 땜질식 처방을 지양해야 한다. 리모델링을 할 때에는 위에서 적시한 6가지 사항을 반드시 고려하자.

투자 포인트

리모델링을 할 때 배관교체는 필수다. 물관리와 열관리를 기본으로 하고, 나머지 보여지는 부분은 디자인으로 접근하자.

흙속에 진주가 없으므로
핵심지역에 투자하라

집은 거주의 수단이지 재테크의 수단이 아니라는 생각은
재테크의 세계에서 어림없는 소리다. 현실은 다르다.

부동산을 사고 팔 때 위치와 주변 환경을 고려해야 한다. 집은 우리
가 살아가는 일부다. 흙속의 진주 같은 사람은 어딜 가든 진주다. 하
지만 부동산은 움직일 수 없는 부동성의 특징이 있다. 그래서 부동
산에서는 흙속의 진주 같은 집이 없다. 주변 환경은 열악한데 자신
의 집만 멋있게 지어졌다고 해서 제대로 평가받기는 힘들다.

부자들만 사는 곳에 가난한 사람들이 사는 것도 힘들다. 반대로
가난한 동네에 부자로 살아가는 것도 마찬가지다. 어떤 지역이 발전
해 쇠퇴기를 맞이하는 게 40~50년 걸린다고 한다. 그 지역이 쇠퇴기
에 접어든 곳이라면 자신만의 아방궁을 지어도 그 진가가 반감한다.

모름지기 재테크에도
삼천지교가 필요하다

'맹모삼천지교(孟母三遷之敎)'란 고사가 있다. 맹자의 어머니는 맹자의 교육을 위해 3번 이사했다는 이야기다. 맹자는 어려서 아버지가 돌아가시고 어머니 손에서 교육받으며 자랐다. 맹자가 어머니와 처음 살았던 곳은 공동묘지 근처였다. 놀만한 친구가 없던 맹자는 늘 보던 것을 따라 곡(哭)을 하며 놀았다. 장사를 지내는 흉내를 낸 것이다. 이를 본 어머니가 이사를 했는데 시장근처였다. 그러자 맹자가 장사꾼놀이를 하며 놀았다. 이곳도 살 곳이 못된다고 생각하고 글방 근처로 이사했다. 그러자 공부놀이를 했다.

맹자 어머니가 맹자교육을 위해 이사를 결심하듯이 자신의 재테크적인 측면을 고려한다면 상황에 따라 이사를 자주 하길 권한다.

자녀가 학교에 들어가면 이사를 자주 다니지 못한다. 하지만 대학에 들어가면 그때서야 좀 자유롭게 이사를 한다. 그런데 이런 생활양식은 부동산재테크 측면에서는 좋지 않다. 다행히 자신이 터 잡은 거주지역이 가치가 상승하는 지역이면 그나마 큰 다행이다. 하지만 그렇지 않고 점점 슬럼화되고 땅값의 변화가 거의 없는 지역이라면 이야기가 다르다. 시간이 지남에 따라 자산증식에 문제가 발생한다. 자녀 교육문제로 이사를 자주 못 간다면 재산증식용 투자 물건지는 다양하게 가져갈 필요가 있다.

우리가 주변에서 흔히 겪고 있는 이야기를 해보자. 한 사람은 직장이 서울 강북에 있어서 강북 근처의 신도시에 살았다. 다른 한 사람은 직장이 서울 강남으로 옮기는 바람에 강남 가까운 신도시에 살았다. 20년이 지난 지금, 자산이 거의 2배 차이가 난다.

한 사람은 무슨 잘못을 했을까? 그냥 생활의 편의만 추구하면서 주거 이전의 두려움에 부동산재테크는 외면하고 한 곳에 안주하며 살았다. 집은 거주의 수단이지 재테크의 수단이 되어서는 안 된다는 생각을 항상 가지고 살았던 사람이다. 그것은 도덕적 당위성을 말하는 것이지 재테크의 세계에서는 어림없는 소리다. 재테크의 현실은 다르다는 걸 그는 뒤늦게 깨달았다.

땅값의 변화는 과거 시골의 온돌방과 같다. 불을 넣으면 아랫목은 뜨겁다. 윗목보다 차가울 수는 없다. 여러 가지 여건이 좋아 땅값이 비싸게 형성된 곳과 가까이 있는 것이 부동산재테크 측면에서는 좋다.

강남불패는 앞으로도
계속될 수밖에 없다

최근 다주택자들에 대한 정부의 압박이 강하다. 시중에는 저금리로 마땅한 투자처를 찾지 못하는 부동자금이 넘쳐난다. 그러다보니 똑똑한 집 한 채에 집중하는 현상이 나타난다. 서울 강남지역의 아파트 값이 계속되는 규제에도 오름세를 지속하고 있다.

강남지역은 대기업 본사들이 몰려 있다. 교통여건도 서울지하철 2호선, 9호선, 3호선, 7호선, 신분당선, 분당선이 통과하고 있다. 교육여건도 전국 최고다. 대한민국의 부자들은 누구나 살아보고 싶은 곳이다. 이런 곳에 공급을 제한하고 거래를 제한하니 더욱더 매수자는 몰리고 매도자 우위의 시장이 형성되는 것은 뻔한 이치다.

또한 옛 한전부지를 현대자동차그룹이 인수해 GBC(글로벌 비즈니스 센타)빌딩을 신축한다. 서울지하철 2호선 삼성역과 9호선 봉은사역 사이의 영동대로 480m 구간을 지하화하고 그 위로는 녹지를 갖춘 3만m^2의 광장이 만들어진다. 광화문광장의 1.5배다. 영동대로 지하에는 지하 6층 16만m^2의 전시장과 도서관, 쇼핑몰 등을 갖춘 복합환승센터를 짓는다. 잠실종합운동장도 대규모 전시컨벤션시설과 1,500실의 특급호텔을 신설하는 재개발을 계획하고 있다.

강남은 1970년부터 개발되기 시작해서 40년이 훌쩍 넘었다. 하지만 위에서 열거한 것 외에도 강남소재 아파트는 재건축되어 새롭게 태어나고 있다. 강북 구도심보다 더 빠르게 도시회춘현상이 일어나고 있는 것이다.

오래된 순서로 보면 강북 구도심의 도시회춘화가 먼저 진행되었어야 한다. 정부정책도 그래야 하는 게 순리다. 하지만 돈의 논리는 그렇게 내버려두지 않는다.

강남은 강북보다 점점 더 좋아지고 있다. 강남이 쇠퇴기로 접어들고 강북이 새로 재생되는 것이 도시생애주기론으로 보면 맞을지 모르지만 현실은 정반대로 가고 있다. 위와 같이 정부정책이 바뀌지 않고 강남을 더욱 좋아지게 할 투자가 계속 일어나는 한 강남의 주도권이 빼앗길 가능성은 없다.

최근 다주택자 중과세정책이 시행되고 있다. 그러면 똑똑한 한 채에 집중하려는 현상이 일어날 것이다. 똑똑한 한 채가 어느 지역이 될지는 위에서 언급한 대로 대한민국의 수도 서울 중에서도 강남지역이 될 것은 너무나 분명해보인다.

투자 포인트

사람들은 주변 환경이 어떻든지 간에 진주 같은 사람이 있을 수 있다. 하지만 부동산투자는 항상 핵심지역을 벗어나지 말자.

확장성이 없으면
부동산은 답답하다

단독주택이나 다가구주택은 내 의지대로 가치를 증대시키는 행위를 할 수 있다.
허물고 새로 신축하거나 리모델링을 해서 수익률을 높일 수 있다.

우리는 사람을 판단할 때, 그 사람의 잠재된 능력을 많이 본다. 그 사람이 지금은 비록 보잘 것 없더라도 장래가 기대된다면 달리 보인다. 사람의 능력은 상상할 수 없이 무궁무진하다.

부동산도 사람과 마찬가지다. 부동산은 항상 살아 움직이는 유기체다. 끊임없이 변화한다. 이왕이면 자신이 투자한 땅에 대해서 자신의 의지대로 가치를 높이는 행위를 할 수 있어야 한다. 나의 의지와 상관없이 주변에서 내 땅의 가치를 높여주는 행위를 한다면 그야말로 금상첨화다.

내 의지대로 가치를
증대시킬 수 있다

우리가 부동산투자를 하면서 도심의 땅에 투자하는 것은 스스로의 가치를 증대시키는 행위를 하기가 쉽다는 장점이 있다. 다른 재화에 투자를 한다면 내 의지로 투자한 재화의 가치를 높일 수 있을까?

주식에 투자를 해도 내가 그 회사 주가를 올리기 위해 할 수 있는 게 별로 없다. 내가 롯데제과 주식을 가지고 있다고 해서 껌과 과자를 많이 사먹어도 주가는 요동도 않을 것이다. 부동산 중에서도 아파트에 투자했다면 부녀회에서 아파트가격 담합을 했다는 뉴스가 있을 정도다.

하지만 단독주택이나 다가구주택은 내 의지대로 가치를 증대시키는 행위를 할 수 있다. 오래되고 낡았다고 판단되면 허물고 새로 신축할 수 있다. 신축해도 현재상태의 용적률에 미치지 않는다면 리모델링을 해서 수익률을 높일 수 있다.

단독주택이나 다가구주택은 자신의 건물이 차지하고 있는 땅이 온전히 내 소유이기 때문에 가능한 이야기다. 만일 분양된 다세대주택의 한 세대를 매입했다면 전체 다세대 구입자들과 의견 일치를 보아야 재건축이 가능하다. 입주민 100%가 동의해야 한다. 내 의지대로 가치를 증대시킬 수 없는 것이다.

확장 여지가 있는
땅을 사야 한다

자신이 마음가는 대로 신축이든 리모델링이든 할 수 있는 다가구주택을 구입했다고 하자. 그런데 토지 면적이 재건축할 때 효율적인 설계가 나오지 않으면 이웃과 서로 협력해야 좋다.

두 필지를 공동개발해야 경제적 가치를 극대화할 수 있는 땅이 있다. 그런데 유일한 옆집이 이미 개발되었다면 어떨까? 자신의 선택의 폭이 좁아질 수밖에 없다. 신축이 아예 불가능할 수도 있다. 이런 집을 가지고 있으면 답답하다.

가끔 아파트 재개발지역에 가보면 모퉁이에 덩그러니 집 한 채가 남아 있는 집이 있다. 보기에도 안타깝다. '적당히 재개발에 동참했어야 할 집이다'라는 생각이 들 것이다.

대박이 난 지인의 사례를 소개하고자 한다. 지인은 서울지하철 7호선 사가정역 인근 대로변에서 몇 집 뒤에 위치한 단독주택을 가지고 있었다. 그런데 용마산터널이 개통되면서 집 주변 도로가 확장되면서 앞집이 도로로 편입되었다. 본인집이 대로변에 접하게 된 것이다.

이런 사례는 조그만 신경쓰면 충분히 예측할 수 있다. 도시계획이 하루아침에 잡히는 것도 아니고, 교통체증이 오래되면 도로는 확장되게 되어 있다. 자기가 매일 다니는 길이 상습정체가 되면 시군구가 도시계획에 반영할지 예측해보고 싸게 구입해 장기투자도 할 만하지 않는가?

아무튼 주택을 구입할 때에는 자신의 땅이 적다든지 건축설계시 부족함이 있는 경우 반드시 이웃 땅의 공동개발을 염두에 두고 관찰할 필요가 있다. 내가 살 집 주변이 모두 개발되어 섬처럼 되었다면 매수하지 않는 것이 현명하다.

나는 부동산투자시 입지분석을 할 때 항상 생각하는 화두가 '장래 확장성'이다. '확장'은 단순히 토지를 넓히는 것을 의미하지 않는다. 주위 환경이 그 대지의 가치를 증대시킬 사안이 많이 존재하는지도 확장의 또 다른 의미다. 내가 옆집과 협의해서 땅의 효율성을 높여 내 땅의 가치를 증대시킬 수가 있다. 그건 온전히 나의 노력의 결과다.

그 외에 나의 노력과 상관없이 주변 환경이 좋아지면 내 땅값이 오른다. 주변에 대형 유통시설이 들어와서 쇼핑 환경이 좋아질 수도 있다. 내 땅 주변에 전철역이 생기는 것도 아주 큰 호재다. 근무자가 많은 좋은 기업 본사가 옮겨와도 그렇다.

내가 구입한 단독주택에 대한 이야기다. 매입시 내 땅이 속한 곳이 '구의 자양 균형발전 촉진지구'로 지정되어 있었다. 지구단위계획을 열람해보니 집 인근에 주차장부지로 활용하는 땅이 있었다. 그 땅을 가로질러 도로예정선이 그어져 있었다. 그곳에 건물을 지으면 도로를 개설해야 하는 땅이다.

몇 년 전 대형 오피스텔을 신축하면서 도로가 건설되었다. 광진구청 바로 맞은편으로 도로가 뚫렸다. 부동산투자에서 도로는 돈을 몰고 다닌다. 과거보다 구청 접근도가 좋아진 것이다. 당연히 지가에 반영되었다.

투자 포인트

부동산에 투자할 때 꼭 명심하자. 이웃 땅과 매수할 내 땅을 함께 개발하면 크게 시너지효과가 날 가능성이 있는지, 아니면 내 이웃에 내 땅 가치를 높여줄 계획이 있는지 꼭 확인하자.

이미 만들어진 신축건물은
먹을 게 별로 없다

직접 집을 한 채 지으면 도급업체의 마진에서
현장소장 급여를 제외한 금액만큼 이익을 본다.

'세상에 공짜는 없다'는 말이 있다. 세상사에 노력이나 대가 없이 되는 것은 없다는 다른 표현이다. 이만큼 세상 돌아가는 이치를 명쾌하고 간단히 설명하는 말도 드물다. 부동산투자를 함에 있어서도 이 말은 지극히 당연한 말이다.

누군가 구옥을 구입해 허물고 새로 건물을 신축해 팔 때는 그만한 대가를 지불해야 한다. 그 대가를 열거해보자. 첫째, 구옥 구입에 필요한 비용. 둘째, 멸실하는 데 소요되는 비용. 셋째, 신축하는 비용. 넷째, 소유권 보전에 필요한 비용. 다섯째, 매도시점 주변 시세를 반영한 이익금.

이 5가지를 고려한 가격이 신축건물의 매도가로 책정될 것이다. 내가 만들지 않은 결과물을 내 손에 넣으려면 그만한 값을 치러야 한다.

셀프 집짓기에
직접 도전해보자

나는 스스로 집짓기를 몇 번 해보았다. 셀프 집짓기는 처음이여서 당연히 두려움도 있었다. 그러나 그 과정에서 내가 쌓은 경험은 시행착오로 낭비한 돈보다 훨씬 크다는 생각이다.

처음으로 설계안을 직접 만들고 그것을 실현한 구조물을 완성했을 때 느낀 성취감과 자신감은 돈으로 환산할 수 없다. 나는 이런 무형적 이익만 강조하는 것이 아니다. 현실적으로 자신이 직접 신축을 할 경우 다음과 같은 이점이 있다.

첫째, 공사업체에 도급을 주었을 때보다 마음이 편하다.

도급업체가 자금사정이 넉넉하지 못하면 자신이 준 돈으로 그 업체가 시공하는 다른 현장에 전용하고 정작 내 건물을 짓는 데 차질이 생기는 경우가 있다. 그렇게 하고 있다는 것을 건축주는 쉽게 알아차릴 수 없다. 사고가 터지고 나서야 뒤늦게 안다. 도급업자가 부분 하도급업체에 자금을 제때 주지 않아서 결국 건축주 부담으

도심구옥을 직접 신축하다
왼쪽 사진이 도심구옥이고, 오른쪽 사진이 그 도심구옥을 멸실한 후 필자가 직접 신축한 사진이다. 내 손으로 설계안을 만들고 그것을 실현한 구조물을 완성했을 때 생긴 성취감과 자신감은 돈으로 환산할 수 없다.

로 넘어오는 경우도 있다. 시공업체가 하는 게 자신의 마음에 들지 않아도 어쩔 수 없다. 자신은 도급업체가 하고 있는 것을 지켜볼 뿐이다.

이것저것 간섭해서 변경사항이 발생하면 공기도 늦어지지만 무엇보다도 돈이 더 들어간다. 공사계약을 체결하기 전에는 자신이 '갑'일지 모르나 일단 계약체결을 하고나면 갑을관계는 반대로 바뀐다. 그럴 바에야 유능한 소장을 섭외해서 직접 시공을 하는 것을 권장한다.

대부분의 건설업체들은 소규모 건설공사의 경우 영업사원들이 영업을 해서 수주를 해온다. 주로 건축공사 물건지 인근 부동산중개업소에서 소개한다. 물론 공짜는 없다. 공사비 규모에 비례한 수수료를 챙겨주어야 한다. 그후 수주해온 공사는 그때그때 프로젝트별로 현장대리인을 채용해서 현장별 독립채산제로 공사를 마무리하는 구조다. 그런 과정을 거치지 않고 직접 공사를 한다면 건설사의 이익만큼은 건축주가 절감할 수 있다는 결론이 나온다.

만약 자신이 없어서 직접 집을 짓지 않고 도급을 줄 때는 자금력과 시공능력을 겸비한 업체를 선정해야 한다. 그리고 무엇보다도 의사소통이 잘 되는 업체를 골라야 한다. 그래야 중간중간 수정도 가능하며 자신이 원하는 집을 탄생시킬 수 있다.

둘째, 자신이 원하는 자재를 쓸 수 있다.

집을 짓는 것은 일반인에게는 평생에 한 번 있을까 말까한 일이다. 그래서 자신의 집을 지을 때 자신만의 취향을 반영하고 싶은 욕구가 넘친다. 설계가 나오고 도급을 주면 그때는 임의 변경이 쉽지 않다. 계획 설계나 적어도 실시 설계단계까지는 충분한 검토를 하고 건축사와 대화를 많이 해서 설계안을 완성해야 한다. 그래야 향후 시공단계에서 변경으로 인한 비용과 시간 낭비를 줄일 수 있다.

보통은 건축설계도서에 마감자재 모두를 다 기술할 수 없다. 그렇게 하면 설계단가가 올라간다. 나는 최근 공사현장이 거주지와 멀어서 건설회사에 도급을 주고 상가주택을 지은 적이 있다. 마감할 때 원하는 자재를 쓰려고 하니 건설사가 당초 견적한 자재보다 고급이라며 추가로 돈을 더 요구했다. 이런 현상은 나올 수밖에 없다.

시공하면서 마감자재는 그때그때 현장감있게 구입해서 사용하는 경우가 많다. 만약 내가 직접 짓는다면 마감할 때 자신의 의중을 충분히 반영한 자재를 써서 집을 지을 수 있다. 그만큼 만족도가 높을 수밖에 없다.

셋째, 금전적 이익과 더불어 소중한 경험이 쌓인다.

도급업체에 시공을 의뢰하면 그 업체는 수주받은 건물을 완성하기 위해서 신축경험이 있는 직원을 현장소장으로 파견한다. 대부분 그 현장소장이 현장을 책임지고 완성하게 된다. 나는 경험이 없는 일반인이라도 직접 집을 지어보길 권한다. 건설사처럼 현장소장을 한시적으로 채용해 조력을 받으면서 완성하면 된다. 만일 자신이 건설 쪽 문외한이면 PM(Project Manager)을 두고 그 공사에 관해 처음부터 끝까지 조언을 들으면서 진행할 수 있다.

건설공사에서 PM은 어느 공사에 있어 설계, 구매, 시공, 시운전 등 전반적인 업무를 관장한다. 과거에 직장생활을 하면서 현장소장 경험이 있다면 당연히 직접 현장소장을 자처하면서 공사를 할 것이다. 건설회사의 생리를 알기 때문이다. 그런데 대부분 한 번도 해보지 않아 두렵기 때문에 편한 길을 택한다. 그에 따른 금전적 대가는 당연히 지불해야 한다.

건설회사 시스템이 집을 짓는 게 아니라 어차피 사람이 짓는다. 자신이 유능하다고 검증된 소장을 고용해 직접 집을 한 채 지으면 도급업체의 마진에서 현장소장 급여를 제외한 금액만큼 이익을 본다. 게다가 경험의 가치는 덤으로 따라온다.

직영공사를 했을 때의
단점도 물론 있다

물론 직영공사를 했을 때의 단점도 있다. 다음과 같이 크게 3가지 단점을 지적할 수 있다.

첫째, 금전적인 면에서 반드시 건축비용이 적게 들지만은 않는다. 건축비용이 오히려 증가될 수 있다. 이런 경우는 자신의 집을 짓다 보니 품질에 욕심이 나서 발생한다. 대부분 공사업자가 쓰는 자재보다 더 좋은 자재를 쓴다. 그게 한두 개가 아니고 여러 개 합쳐지면 건축비용이 커진다.

이런 점은 자신의 집을 직영공사로 지을 때 항상 신경 쓰면서 절제해야 할 부분이다. 자신이 사는 동네 수준이나 집 규모에 걸맞는 자재를 선택하는 게 좋다. 그래도 비용이 많이 나왔다면 그만큼 좋은 자재로 자신의 집을 지었다고 위안을 해야 정신건강에 좋다.

신도시 상가주택 신축현장에서 경험한 이야기가 있다. 대부분 비슷한 면적으로 건물을 짓다 보니 건축주들끼리 모이면 건축비에 대한 이야기가 분분하다. 누구는 A업체에 7억 원에 지었다고 하고, 다른 사람은 B업체에 8억 원에 지었다고 한다. 또 다른 사람은 직영공사로 8억 원 들었다고 한다.

건물 외관만 보고 단순 건축비 비교를 하는 것은 부동산 초보자다. A업체와 B업체는 공사기간이 6개월이면 최소한 인건비 및 관리비를 제하고 7천만~8천만 원은 남아야 공사를 한다. A업체가 공사를 7억 원에 수주를 했다면 5천만 원 이익을 보는 구조로 현장소장을 임시 채용해 공사를 하는 경우도 있다. 또 다른 경우는 현장소장에게 6억 5천만 원에 하도급을 준다. 그러면 그 소장은 자신이 직접 협력업체와 각 공정별로 계약해서 공사를 6억 원에 마무리하고 자신이 5천만 원을 또 남긴다. 이런 구조로 보면 직영공사를 한 사람은 건설업체 이익만큼 좋은 자재로 마감을 했다고 볼 수 있다.

둘째, 자금에 여유가 있어야 한다. 도급을 주면 도급받은 건설사 마진을 주는 대신 자신의 초기 자금이 적게 들 수 있다. 계약금 및 중도금으로 총 공사비의 30~40%만 있으면 된다. 나머지는 대부분 건물공사가 완성된 후 임대보증금으로 후불 정산할 수 있기 때문이다. 하지만 자신이 직영할 때는 건설사와 자금부분에서 분담이 되지 않으므로 충분한 자기자금을 확보하고 있어야 한다.

셋째, 도급을 주는 것보다 자신이 결정해줘야 할 부분이 많다. 이 부분은 유능한 소장을 뽑아서 보필을 잘 받는 것이 해결책이다.

건설사에서 주최한 '집짓기 세미나'에 간 적이 있다. 나는 "소장을 채용해 직영공사를 하는 방법은 어떤가?"라고 질문했다. 그런데 그렇게 하면 하자가 많으므로 절대 하지 말라는 답변을 들었다. '내가 몇 번 지은 집들은 하자가 없는데…' 나 혼자 그런 독백을 하면서 쉽게 수긍할 수 없었다.

셀프 집짓기를
가로막는 개정법

최근 정부에서는 연면적 200m² 이상은 건설업면허소지자가 시공하도록 건설산업기본법을 개정했다. 2018년 6월 27일부터 개정된 법이 시행된다. 건축주가 시공사에 의뢰하지 않고 직접 지을 수 있는 건축물 면적이 연면적 200m²(60.5평) 이하로 줄어든다. 개정법은 건축주가 직접 시공할 수 있는 건설공사 범위를 주거용·비주거용 건축물을 막론하고 연면적 200m² 이하로 축소했다. 현재는 주거용 건축물은 연면적 661m² 이하, 비주거용 건축물은 495m² 이하만 건축주가 직접 시공할 수 있었다.

개정법은 또 다중·다가구주택, 공관 및 대통령령으로 정하는 주거용 건축물은 건축주가 직접 시공할 수 없게 했다. 여기서 다중주택(속칭 벌집주택)은 건물 연면적 330m² 이하 및 층수 3층 이하 단독주택이다.

건축규모 관련 개정 건설산업기본법(2018년 6월 27일 시행)	
건축 용도	건축 규모와 직영가능 여부
다세대주택, 연립주택, 아파트, 다가구주택, 다중주택	규모와 상관없이 건설면허 필요
상기 외 일반상가, 근생 건물, 단독주택(1가구), 상가주택	연면적 200m²(60.5평) 초과시 건설면허 필요
	연면적 200m²(60.5평) 이하시 건축주 직영 가능

다가구는 연면적 660m² 이하 및 층수 3층 이하로 최대 19가구가 거주할 수 있는 단독주택이다.

개정안을 검토한 김승기 국토교통위원회 수석전문위원은 "규제 완화 차원에서 건축주 직영시공을 허용했으나 현실적으로는 세금 포탈을 위해 '위장 직영시공'이 이뤄지고 있다"며 "부실공사, 안전사고, 하자보수 미흡 문제로 이어질 가능성이 크다"고 말했다. 위장 직영시공의 경우 건축주는 부가세(공사비 10%)를 회피할 수 있고, 건설업자는 매출을 축소해 소득세 부담을 줄일 수 있다.

앞으로는 1층 면적이 30평 정도인 2층 전원주택 정도만 직접 지을 수 있게 된 것이다. 현실에서는 직영공사를 하려면 건축주가 건설업자에게 도급을 주는 형식을 취할 수밖에 없다. 결국 비용이 증가되는 요인이다.

셀프 집짓기에 안 어울리는
부적격자도 있다

'집 한 채 지으면 10년 늙는다'란 말이 있다. 건설업자들이 자신의 밥그릇을 지키기 위해 많이 이 말을 자주 쓴다.

각자 개인의 성격차이에서 똑같은 집짓기를 하면서 다른 느낌을 받게 된다. 너무 세세히 따지는 성격이면 충분히 10년도 더 늙을 수 있다. 나는 큰 틀을 해치지 않는다면 상대방 이익도 존중해야 한다는 생각을 가지고 있다. 그래서 큰 마찰 없이 내 집짓기를 성공적으로 할 수 있었다.

집을 직접 지어보면 항상 후회가 남는다. 여러 분야에서 선택의 순간에 직면한다. 선택의 문제에서 항상 갈등한다. 가지 않은 길이 더 미련이 남는 법이다. 그렇지만 주어진 공간에서 건물을 완성하고 거기에 자신의 취향에 맞는 인테리어를 하려면 시기적절하게 결정을 해야 한다.

사람들의 생각은 각기 다르다. 무언가 결정할 때 쉽게 못하는 사람이 있다. 다른 사람의 말에 쉽게 귀가 열리는 사람도 있다. 쉽게 남을 믿지 못하는 사람도 있다. 자꾸 마음이 변하는 사람도 있다. 이런 부류의 사람들은 직접 집을 지으라고 권하고 싶지 않다. 항상 시공업자와 마찰이 생길 수 있는 사람이다.

건축을 할 때 한 번 결정한 것을 바꾸려면 아예 불가능할 수도 있다. 바꿀 수는 있지만 많은 시간과 비용을 감내해야 한다. 절대로 대가 없이 되는 것은 없다.

셀프 집짓기에 맞는 성격의 소유자가 따로 있다. 그 중 하나는 한 번 결정하면 누가 뭐라고 해도 쉽게 바꾸지 않는 사람이다. 다른 하나는 일단 일을 맡기면 신뢰하고 기다릴 줄 아는 사람이다. 마지막으로 상대방의 이익을 존중할 자세가 되어 있는 사람이면 더욱 좋은 품질의 집을 만들 수 있다. 이런 사람들은 하청업체를 잘 다룰 수 있다. 궁극적으로 직영으로 집짓기를 해도 충분히 성공할 수 있다. 아무튼 독자 여러분들도 겁먹지 말고 셀프 집짓기에 한 번 도전해 보길 바란다.

투자 포인트

재화의 생산원가와 최종 소비자가격은 큰 차이가 있다. 부동산도 생산자적 자세로 접근하면 실속있는 투자자가 된다.

설계가 잘 나오지 않는
집에는 투자하지 마라

여러 가지 제한을 많이 받는 '땅'은 설계가 잘 나오지 않는 땅임을 명심하자.
전문가인 건축사에게 돈을 주면서 사문을 구하고 '땅'을 사도 늦지 않다.

'이 집은 북 도로에 접해 있어 설계가 잘 나옵니다.' 흔히 단독주택을 사려고 중개사무소를 가면 자주 듣는 말이다.

오래된 단독주택을 살 때는 나중에 신축하는 것을 고려해야 한다. 건물은 세월이 지나면 낡아서 허물어지기 마련이다. 그래서 단독주택을 사는 사람은 당연히 신축을 고려하기 때문에 중개업자들이 미리 분석해서 홍보성 말로 하는 것이다. 이는 일조권 사선제한을 적게 받아서 주어진 용도에서 최대한의 용적률을 찾을 수 있다는 말이다. 물론 일조권의 영향을 받지 않는 준주거나 상업지역이 아닌 지역에서 하는 말이다.

이처럼 대지가 딸린 주택을 매입할 때는 향후에 건물 신축을 고려해 효용가치가 높은 부지를 선택해야 한다. 그만큼 건축설계가 잘 나올 수 있는 땅을 구입하는 게 중요하다. 이는 곧 그 부지의 내재가치를 보고 매입하라는 말이다.

신축부지 선택시
고려해야 할 사항

부지를 구입하면서 신축을 고려할 때 여러 가지를 살펴보아야 한다. 몇 가지만 들어보자. 첫째, 자신이 추구하는 바에 맞는 건물을 지을 수 있는 용도지역인지 살펴야 한다. 둘째, 자신이 생각하는 건물을 짓기에 알맞은 규모의 땅 크기가 중요하다. 셋째, 도로와의 관계를 살핀다. 넷째, 사선제한을 고려한다. 다섯째, 주차장 확보를 살핀다. 하나씩 구체적으로 그 내용을 살펴보자.

첫째, 자신이 추구하는 바에 맞는 건물을 지을 수 있는 용도지역인지 살핀다.

상가 주택을 신축하고자 한다면 전용주거지역에서 부지를 고르는 것은 맞지 않다. 전용주거지역은 주거하기에 쾌적한 주택을 지으라는 곳이다. 상가를 겸하는 주택을 짓기에는 여러 가지 제약이 따른다. 설사 상가를 지어도 그곳에서 영업할 수 있는 업종 제한이 많다. 오락실, PC방, 노래방 등 유흥시설은 개설할 수 없다.

둘째, 자신이 생각하는 건물을 짓기에 알맞은 규모의 땅 크기가 중요하다.

대지를 구입하면서 다세대주택을 건축하고자 한다면 330m²를 초과하는 부지는 효율적이지 못하다. 다세대주택은 주택으로 쓰이는 1개동의 바닥면적(지하주차장면적은 제외)의 합계가 660m² 이하이고, 층수가 4개 층 이하인 주택을 말한다. 서울시 2종일반주거지역의 용적률은 200%다. 만약 서울시내 2종일반주거지역의 350m² 면적 부지를 다세대주택 신축을 위해 구입했다고 가정해보자. 그러면 용적률 200%를 적용하면 '350m²×200% = 700m²' 연면적이 나온다. 결국 40m²만큼 비효율이 발생하게 된다.

또 다른 사례가 있다. 서울시 관악구나 중랑구 등 일부 지역에서는 다중주택을 허용하고 있다. 다중주택은 학생이나 직장인 등의 다수인이 장기간 거주할 수 있는 구조로 되어 있으며, 독립된 주거의 형태가 아닌 주택으로 연면적이 330m² 이하이고 3층 이하인 주택이다. 그러다보니 서울시에서 2종일반주거지역에서 부지면적이 약 50평(165m²)이 넘으면 신축하는 다중주택 건축 연면적이 330m²를 넘어버리게 된다.

셋째, 도로와의 관계를 살핀다.

대지에 건축을 하려면 일정 너비 이상의 도로에 접해 있어야 한다. 도로에서 멀리 떨어진 땅을 맹지(盲地)라고 한다. 맹지에는 건축

막다른 도로의 길이에 따른 확보 도로 너비	
막다른 도로의 길이	도로의 너비
10m 미만	2m
10m 이상 35m	3m
35m 이상	6m (도시지역이 아닌 읍·면지역은 4m)

이 불가능하다. 건축법상으로 도로는 원칙적으로 사람과 자동차가 다닐 수 있어야 한다. 그런데 사람이나 자동차 어느 한 쪽만 다니게 개설된 도로가 있다. 자동차만 다니는 도로는 자동차 전용도로나 일반국도, 고속국도가 있다. 사람만 다니는 도로는 보행자 전용도로다. 이런 도로는 건축법상의 도로가 아니다. 보행자 전용도로나 자동차 전용도로에 접했다고 해서 건축허가가 날 수는 없다.

건축법상 대지에 접하는 도로는 너비 4m 이상이어야 한다. 그리고 도로와 대지는 접하는 면이 최소 2m 이상이어야 건축이 가능하다. 예외적으로 지형여건상 도로설치가 곤란하다고 시·군·구청장이 인정하면 너비 3m 이상의 도로를 확보해도 건축할 수 있다.

막다른 도로의 경우에는 막다른 도로의 길이에 따라 2m, 3m, 6m 너비의 도로를 확보해야 건축이 가능하다. 실제 현장에서 보면 구도심지에 막다른 골목에 주변 시세보다 싼 주택이 매물로 나온 경우가 있다. 막다른 골목 길이가 35m 이상이면 도로 너비를 6m를 확보해야 하므로 싼 것이다.

만약 대지와 대지 사이에 확보해야 하는 도로 너비가 미달하는 경우에는 도로 중심선에서 소요도로 너비의 1/2만큼 서로 수평으로 후퇴한 선에 맞추어 건축을 해야 한다. 이 선이 바로 건축선이다. 도로의 반대쪽에 경사지나 하천, 철도선로 부지 등이 있다면 도로의 반대쪽 경계선으로부터 소요 너비만큼 후퇴한 선이 건축선이 된다.

실무에서 건축선은 중요하다. 자신은 대지 면적만큼 대가를 치러야 하지만 실제로 건축을 하려면 도로로 내놓아야 하는 부분이다. 소유권만 있지 쓸모가 없다. 더욱이 건축선으로 후퇴한 면적은 건폐율과 용적률을 적용할 때 대지면적에서 제외된다. 이런 면적이 큰 대지는 그만큼 효율이 떨어진다. 도로로 내주는 면적이 큰 대지는 그만큼 비싸게 구입한 셈이 된다.

다음으로 도로와 도로가 만나는 교차지점에서의 교통을 원활히 하고 시야를 충분히 확보하기 위해 필요한 경우 도로모퉁이의 길이를 일정 기준 이상으로 확보해야 한다. 이를 가각전제(街角剪除)라고 한다. 후퇴한 만큼의 면적은 대지면적 산정에서 제외시켜주므로 건축물 축조에는 손해가 없다. '건축법'에 의해 너비 8m 미만인 도로의 모퉁이에 위치한 대지의 도로모퉁이 부분의 건축선은 그 대지에 접한 도로경계선의 교차점으로부터 도로경계선에 따라 다음의 표에 의한 거리를 각각 후퇴한 2점을 연결한 선으로 한다.

넷째, 사선제한을 생각한다. 일조권 사선 제한은 도로와 접한 대지의 방향이 중요하다. 도로 사선제한은 폐지되었다. 일조권 사선제

도로모퉁이에서의 건축선			
도로의 교차각	교차되는 도로의 너비	당해도로의 너비	
		8m 미만 6m 이상	6m 미만 4m 이상
90° 미만	8m 미만 6m 이상	4m	3m
	6m 미만 4m 이상	3m	2m
90° 이상 120° 미만	8m 미만 6m 이상	3m	2m
	6m 미만 4m 이상	2m	2m

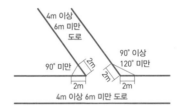

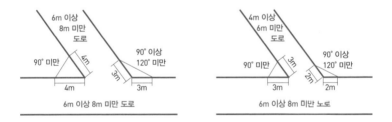

한은 전용주거지역과 일반주거지역 안에서 집을 지을 때에 주변 건
축물의 일조권 확보를 위해 건물 높이에 제한을 하는 것이다. 보통
도심에서는 건물높이에 따라 정북방향의 인접대지 경계선으로부터
일정거리 이상을 띄어 건축하도록 하는 게 '일조권 사선제한'이다.

2012년 12월 12일 개정된 건축법 시행령 86조에 따르면 건축물

일조권 사선 제한을 받은 사례

보통 도심에서는 건물높이에 따라 정북방향의 인접대지 경계선으로부터 일정거리 이상을 띄어 건축하도록 하는 게 '일조권 사선 제한'이다.

높이 9m를 초과하는 부분은 해당 건축물 각 부분 높이의 1/2 이상 인접 대지 경계선으로부터 이격해야 한다. 대지가 아닌 공원, 도로, 철도, 하천, 공공녹지 등이 인접해 있을 때는 특별히 예외 조항을 두는 경우를 제외하면 그 반대편 대지 경계선이 기준이 된다. 그래서 3층 이하는 일조권의 적용을 거의 받지 않는다.

일조권 적용을 받지 않는 지역도 있을까? 당연히 있다. 준주거지역이나 상업지역 공업지역은 받지 않는다. 또한 너비 20m 이상 도로변 건축물은 일조권을 받지 않는다. 따라서 북측에 도로가 있는 땅이 건축물 면적을 찾아먹는 데 있어서 유리하다. 그래서 중개업자들이 북측 도로를 끼고 신축할 때 설계가 잘 나온다고 한다.

집을 사려고 임장활동을 해보면 안다. 도로 한쪽은 신축건물이 많은 것을 볼 수 있다. 아마 그쪽이 북쪽으로 도로를 물고 있는 땅일 확률이 높다.

한편으로 택지개발지구에서는 정남방향의 인접대지 경계선으로부터 이격할 수 있다고 규정되어 있어 남향으로 남측도로를 끼고 있는 땅이 좋다. 내가 별내신도시에 가지고 있는 상가주택도 남향 건물이다. 설계가 잘 나왔다. 특히 윗층인 4층 부분에서 북향건물보다 상당한 면적의 이익을 보았다.

신도시 상가주택지를 둘러보면 윗층 부분이 많이 꺾여서 지어진 건물을 볼 수 있다. 그렇다면 그 쪽 라인의 건물이 일조권의 영향을 심하게 받은 것이다. 그렇다고 항상 그런 것은 아니다. 일조권 적용은 각 지자체조례나 지구단위계획에 따라 달리 규정하기도 한다. 따라서 지자체조례나 지구단위계획을 반드시 확인해야 한다.

'가설계' 도면을 그려보고
사야 한다

주택을 구입하는 것은 궁극적으로 '땅'을 사는 것이다. '땅'은 그 자체로 가치보다 그 위에 건물을 지을 때 비로소 그 효용가치가 빛을 발한다. 땅의 활용도를 포괄적으로 지정해둔 것이 '용도지구지역'이다.

그 다음 여러 가지 제한을 많이 받는 '땅'은 설계가 잘 나오지 않는 땅임을 명심하고 이를 피해서 구입해야 한다. 자신이 판단할 수 없다면 반드시 전문가인 건축사에게 돈을 주면서 자문을 구하고 '땅'을 사도 늦지 않다.

아무리 지인이라도 공짜로 자문을 구하지 마라. 그래야 의뢰받은 이도 책임감을 가지고 시간과 정성을 투입한 성과물을 줄 수 있다. 제대로 돈을 주고 '가설계' 도면을 그려보고 사야 한다.

투자 포인트

건축을 하는 데 있어 각 분야별 전문가가 있다. 그들을 존중하고 잘 활용하는 사람이 큰 수익을 챙기는 투자전문가다.

부동산투자에서 수익률은 세금이 좌우한다. 취득에서 양도단계까지 모두가 세금으로 연결되어 있다. 한 번 엎지른 물은 주워 담기 힘들다. 세금은 미리미리 알아보고 대비해야 한다. 다주택자 세금 중과시대에 현명하게 대처하는 방법은 무엇인지 5장에서 고민해보았다. 다 같은 임대사업자라고 해도 상가보다 주택을 임대하면 정부에서 주는 혜택을 더 누릴 수 있다.

5장

부동산재테크의
시작과 끝은 세금이다

반드시 알고 있어야 할
취득세 절약 방안

부동산을 매입할 때 취득세 부과 세율 체계를 잘 알아두고 있어야 한다.
그러면 부동산을 매입할 때 잘 활용해서 절세할 수 있다.

부동산은 거래금액이 큰 재화다. 따라서 거래에 따른 비용도 크다. 먼저 취득시 비용으로는 중개수수료와 취득세 및 법무사수수료가 있다. 중개수수료는 좋은 물건을 잡기 위해서는 너무 인색하게 굴 필요가 없다. 법정수수료를 지불하면 되지만, 좋은 물건을 잡는 데 필요하다면 보너스로 기분 좋게 추가 지급하는 것도 필요하다.

이때는 미리 계약이 성사되면 얼마를 주겠다고 해야 자신에게 유리한 계약을 이끌어낼 수 있다. 중개사는 거래당사자 중 아무래도 자신에게 금전적 도움을 주는 사람 편에서 가격흥정을 하는 것이 인지상정이다.

부동산 취득세의 합계세율(2018년 4월 1일 현재)			취득세	농특세	교육세	합계
취득 종류		구분	취득세	농특세	교육세	합계
유상취득	주택	6억 이하 / 85m² 이하	1.0%	–	0.1%	1.1%
		6억 이하 / 85m² 초과	1.0%	0.2%	0.1%	1.3%
		6억 초과 9억 이하 / 85m² 이하	2.0%	–	0.2%	2.2%
		6억 초과 9억 이하 / 85m² 초과	2.0%	0.2%	0.2%	2.4%
		9억 초과 / 85m² 이하	3.0%	–	0.3%	3.3%
		9억 초과 / 85m² 초과	3.0%	0.2%	0.3%	3.5%
	주택외 (토지, 건물, 상가 등)		4.0%	0.2%	0.4%	4.6%
	농지	신규	3.0%	0.2%	0.2%	3.4%
		2년 이상 자경자 취득	1.5%	–	0.1%	1.6%
원시취득(신축)			2.8%	0.2%	0.16%	3.16%
상속	농지	신규	2.3%	0.2%	0.06%	2.56%
		2년 이상 자경자 취득	0.3%	–	0.06%	0.36%
	일반	신규	2.8%	0.2%	1.16%	3.16%
		1가구 1주택	0.8%	–	0.16%	0.96%
증여	일반	일반	3.5%	0.2%	0.3%	4.0%
		85m² 이하	3.5%	–	0.3%	3.8%

취득할 때는 지자체에 취득세를 납부한다. 취득시에는 명의를 부부공동으로 하더라도 취득세를 절감할 수는 없다. 그렇더라도 취득시에 누구 명의로 하느냐에 따라 향후 종합부동산세 및 양도시 양도소득세에서 차이가 발생한다. 따라서 취득할 때에 보유단계나 양

도할 때를 고려하려 미리 대비하는 것이 바람직하다.

취득세는 부동산을 취득한 날로부터 60일(상속은 6개월) 이내에 취득가액에 세율을 곱한 세액을 신고·납부해야 한다. 제때 취득세를 신고 납부하지 않으면 미납세액의 20%가 가산세로 부과된다.

취득세의 세율체계를 알아두면 절세에 활용할 수 있다. 금액별로는 6억 원 이하면 1%이고, 6억 원 초과 9억 원 이하는 2%이고, 9억 원을 초과하면 3%다. 또 면적 기준으로 85m²가 기준이 되어 그 이하면 농어촌특별세가 없다. 취득세에 대해 농어촌특별세 10%와 지방교육세 20%가 부가적으로 부과된다. 앞의 표는 부동산 취득세의 합계세율을 정리한 것이다.

꼭 알아야 할
취득세 절세 요령

위의 취득세 부과 세율 체계를 잘 알아두고 있어야 한다. 그러면 부동산을 매입할 때 잘 활용해서 절세할 수 있다.

첫째는 6억 원과 9억 원을 기준으로 급격히 오르는 세율구간을 잘 피해서 매매해야 한다. 예를 들어보자. 주택 매입시 면적이 85m² 이하면서 6억 원과 6억 1원은 취득세에서 많은 차이가 난다. '6억 원×1.1% = 6,600,000원'이고, '6억 1원×2.2% = 13,200,000원'이다. 1원 차이에 취득세에서 6,600만 원으로 2배나 차이가 난다.

둘째는 취득세 감면제도를 활용한다. 정부에서는 미분양이 누적되고 부동산시장이 꽁꽁 얼어붙으면 부동산 취득을 쉽게 하도록 당근책을 내놓는다. 그러면 한시적으로 기간을 정해 그때 부동산을 취득한 사람에게 취득세 감면을 실시한다. 그런 시기를 잘 활용해 유망한 지역의 좋은 물건을 사두면 자산 증식에 도움이 된다.

문재인정부에서 임대사업자 등록을 적극 유도하고 있다. 임대사업자로 등록하면 60m² 이하 신축주택은 취득세 면제 혜택이 있다.

셋째는 분양가 선납할인제도를 활용한다. 분양이 잘 되지 않으면 건설사 입장에서도 분양가를 낮추어서 할인 매각하는 경우도 있다. 건물이 빨리 완공되어 조기 잔금회수를 위해 선납할인을 해주기도 한다. 이 경우 은행예금 이자보다 훨씬 높게 할인율을 책정하는 경우가 대부분이다. 이런 할인제도를 이용하면 대금할인뿐 아니라 그에 따른 취득세도 절감된다.

취득단계에서
출구전략을 세워라

부동산은 취득할 때 취득세도 부담하지만 보유할 때도 세금이 부과된다. 처분시에는 양도차익에 대해서 양도소득세를 내야 한다. 보유에 따른 재산세나 종합부동산세 부과체계를 알고 불이익을 받지 않게 주택의 종류나 면적을 선택해야 한다. 또한 명의를 누구로 할지 고려해야 한다.

대부분 세금은 개인별로 부과하므로 명의를 분산하는 전략이 필요하다. 명의를 부인이나 자녀 이름으로 할 때는 증여세나 자금출처 조사에 문제가 없는지 생각해야 한다. 자신의 상식이나 인터넷상에 떠도는 정보를 믿고 자신만이 판단하고 일을 저지르는 실수는 범하지 말자. 미리 구입단계에서 전문가와 상담하고 전략적으로 투자해야 한다.

한 가지 웃지 못할 사례가 있다. 어릴 때부터 똑똑하고 혼자서 스스로 뭐든 알아서 잘하는 효녀를 둔 은퇴한 가장의 이야기다. 어느 날 혼기가 찬 딸이 사윗감을 데리고 와서 결혼하겠다고 했다. 아버지는 듬직한 사윗감이 마음에 들었다. 서둘러 상견례를 하고 결혼 날짜를 잡았다.

아버지는 자식교육과 직장 출퇴근을 생각해 분당에 아파트를 분양받아 살았다. 아버지는 딸을 시집보내면서 집을 팔고 줄여서 전원생활을 하려고 했다. 집을 판 돈으로 딸의 신혼집 마련에 도움도 주고 싶었다.

딸 역시 아버지의 부담을 덜어주기 위해 결혼 준비 도중 깜짝 발언을 했다. 아버지는 딸의 말을 듣고 파랗게 질려버렸다. 무슨 말을 했을까? 딸이 2년 전 그간 직장생활로 모은 돈으로 조그만 주거용 오피스텔을 하나 구입했다는 것이다.

딸은 때마침 월세를 받고 있던 세입자가 만기가 되어 이사를 가게 되었다. 당분간 아기가 생기기 전에는 자신이 사둔 오피스텔에 신혼집을 꾸린다고 말했다. 벌써 일이 벌어졌다.

결혼 전 딸은 부모님과 한 세대를 구성하고 있었다. 1가구 2주택이다. 아버지가 오랫동안 보유하고 팔았던 분당 아파트는 딸이 결혼 전에 직장생활로 열심히 절약해 사둔 주거용 오피스텔로 말미암아 양도세 폭탄을 맞았다.

요즈음 가족간에 대화가 부족하다. 특히 자녀들이 결혼을 늦게 하면서 부모와 자식간에 소원한 경우가 많다. 위 사례와 같은 양도소득세 폭탄을 방지하기 위해서라도 가족간 부동산 취득은 반드시 정보를 공유해야 한다.

투자 포인트

취득시에 세금의 대부분이 결정된다고 봐도 과언이 아니다. 매입하기 전에 세금 부분에 대한 세심한 검토는 아무리 강조해도 지나치지 않다.

양도소득세 절세 방안,
이것만은 꼭 기억하라

양도세 절세방안 중 최고의 절세기술은 1가구 1주택 비과세제도이다.
만약 2주택 이상 다주택자라면 임대사업자로 등록하자.

부동산에 투자해 수익이 발생하면 양도소득세를 신고·납부해야 한다. 토지에 투자해서 업무용으로 사용하지 않으면 2017년 현재 일반세율에서 10%포인트 추가 가산세가 부과된다. 하지만 장기보유특별공제는 받을 수 있게 되었다.

노무현정부 시절, 비사업용 토지는 양도차익의 60%의 세금을 부과한 적이 있다. 농지를 구입해서 농사를 짓지 않으면 농지 공시지가의 20% 이행강제금이 부과되고 처분명령도 내려진다. 그러나 '주택'에 대해서는 특별한 대우를 한다.

매매가 9억 원 이하 1세대 1주택자에게는 양도소득세 비과세 혜택이 있다. 대한민국에 사는 서민들이 자산형성을 하는 데 가장 좋은 방법은 미래에 값이 오를 지역에 내 집 마련부터 하는 것이다. 그 후 양도시 1세대 1주택 비과세 혜택을 받아 양도소득세를 절세하면 된다. 이를 반복하면 은퇴시기에는 노후대책을 걱정하지 않아도 될 자산을 가질 수 있다.

꼭 알아야 할
양도소득세 절세 요령

부동산의 여러 종류 중에서 '주택'에 대한 양도소득세 절세 요령을 살펴보자. 크게 다음의 3가지를 명심해야 한다.

첫째, 비과세 및 감면 혜택을 최대한 활용해야 한다.

주택에 대해서는 1세대 1가구 비과세 제도와 일시적 1세대 2주택자에 대한 비과세 요건이 있다. 하나하나 숙지해서 실전에서 활용해야 한다.

정부는 그간 부동산경기 활성화를 위해 양도소득세 감면제도를 한시적으로 시행하는 경우가 많았다. IMF 외환위기로 미분양을 극복하고자 김대중정부 시대에는 양도세 감면주택이 등장했다. 2008년 미국발 금융위기 때는 5년간 양도차익을 과세하지 않는 제도가 있었다. 2018년 12월 31일까지 일정 요건을 갖춘 주택을 취득해 '준공공임대사업자'로 등록해서 10년간 임대사업을 하면 100% 양도세 감면 혜택이 주어진다.

둘째, 명의나 매매시기를 분산해야 한다.

양도소득세는 누진세 구조로 계산된다. 또한 세대별 합산이 아니라 개인별 합산구조다. 따라서 단독명의보다는 부부공동명의로 나누면 과세표준이 반으로 나누어져서 낮은 세율을 적용받을 수 있다. 양도소득세 기본공제 250만 원도 각자 적용받을 수 있다. 명의뿐만이 아니다. 시기도 분산하면 이익이다.

만약 어떤 사람이 A 물건을 11월 말에 매도해서 양도차익이 8천만 원 발생했고, B 물건을 12월 말에 매도해서 2천만 원의 양도차익이 발생했다면 B 물건 잔금일을 조금 늦추어서 해를 넘기면 이익이라는 말이다. 1년간 양도차익 8,800만 원을 기준으로 세율적용 구간이 24%에서 11%포인트 많은 35%가 적용될 수 있기 때문이다.

셋째, 각종 필요경비에 따른 영수증을 잘 챙겨야 한다.

주택 취득시 지불한 취득세, 법무사 비용, 국민주택채권 매각차손, 중개수수료, 컨설팅수수료 등이 있다. 취득시 대출한 금융비용은 필요경비가 아니다. 보유시 재산세는 필요경비가 아니다. 하지만 살면서 샷시 공사비나 보일러 교체비, 방이나 발코니 확장 공사비 같은 자본적 지출 비용은 필요경비로 인정된다. 이런 비용을 지출할 때는 세금계산서나 현금영수증 혹은 카드매출전표를 잘 보관해두고 양도소득세 신고시 활용하자.

1세대 1주택 비과세 제도를
정확히 알자

소득이 있는 곳에 세금이 있다. 당연한 말이다. 대한민국 국민이라면 누구나 납세의 의무를 가진다. 국가에서 소득이 있음에도 과세하지 않는 특별한 경우가 있다. 그것은 바로 1세대 1가구 '비과세 제도'이다. 거주자가 1세대 1주택 상태에서 2년 보유 요건을 갖추면 양도소득세는 없다.

2017년 8월 2일 부동산대책으로 집값이 많이 오른 '조정대상지역'에서는 2년 거주 요건이 생겼다. '거주자'란 국내에서 1년 이상 주소를 둔 사람을 말한다. 실무에서 '거주자'로 인정받으려면 2년 동안 6개월(183일) 이상 국내에 살아야 한다.

'1세대'란 부부와 생계를 같이 하는 가족을 말한다. 가족은 거주자와 그 배우자의 직계존비속(그 배우자를 포함) 및 형제자매를 말한다. 따라서 성인 남자라면 그의 직계존비속과 직계존비속의 배우자, 형제자매, 장인, 장모, 처형, 처남 등이 포함된다. 만일 자녀가 학업 때문에 지방에 떨어져 살거나, 자녀가 30세 미만이면 부모와 생계를 같이 하는 것으로 보아 부모와 같은 세대로 처리한다.

고가주택은 1세대 1가구 비과세 제도가 적용되지 않는다. 고가주택의 판단 기준은 실거래가액 9억 원이다. 9억 원을 초과하면 그 초과분에 대해서는 양도소득세가 과세된다.

일시적 1세대 2주택자의
비과세 요건

첫째는 이사를 위해 일시적 2주택이 되는 경우다. 1주택이 있는 상태에서 더 큰 집으로 늘려가려고 새집을 사서 이사할 때, 일시적 2주택이 되는 경우가 있다. 이 경우 새 주택을 구입한 날로부터 3년 내에 기존 주택을 팔면 비과세를 받을 수 있다. 이때 새 주택을 기존 주택의 취득일로부터 1년 이후에 취득해야 비과세가 적용된다는 점을 주의하자. 즉 1년 안에 2주택을 취득해야 한다.

둘째는 부모봉양을 위해 합가하는 경우나 결혼으로 2주택이 되는 경우다. 이때 합가일로부터 5년 이내에 먼저 양도한 주택이 비과세 요건을 갖추었다면 양도소득세를 비과세 혜택을 받을 수 있다.

셋째는 농어촌주택과 상속주택이 일반주택과 섞여 2주택이 되는 경우다. 이 경우 일반주택을 먼저 양도하는 경우 비과세된다.

2주택 이상 다주택자라면
임대사업자로 등록하자

최근 자신이 살고 있는 주택 외에 여러 세대를 소유하고 있는 다주택자들이 늘어나고 있다. 현 정부에서는 다주택자에게 양도소득세 중과세를 하겠다고 한다. '조정대상지역'에서 2주택자에게는 10% 포인트, 3주택 이상이면 20%포인트 가산세를 부과하기로 했다.

하지만 민간임대사업자를 늘리기 위한 당근책도 실시하고 있다. 다주택자가 임대사업자 등록을 하면 각종 세금감면과 자신이 거주하는 주택은 비과세하는 제도다. 특히 앞서 언급한대로 2018년 12월 31일까지 일정 요건의 주택을 10년간 임대사업을 영위해야 하는 '준공공임대사업자'로 등록하면 100% 양도소득세 감면 혜택이 주어진다.

임대사업자에게 혜택이 주어지면 그에 따른 의무사항이 따른다. 첫째, 임대용주택은 수도권 6억 원, 지방 3억 원 이하여야 한다. 둘째, 임대기간을 5년 이상 유지해야 한다. 임대계약 기간 내 5% 이상 임대료 인상을 못한다. 셋째, 임대차 계약은 표준임대차계약서로 작성하고 그 내용을 3개월 내에 임대주택이 위치한 시군구청에 신고해야 한다. 넷째, 거주주택은 양도 당시에 2년 거주 요건을 충족해야 한다.

투자 포인트

양도세 절세방안 중에서 최고의 절세기술은 1가구 1주택 비과세 제도를 활용하는 것이다. 소득이 있는 곳에 세금이 있다. 그것의 예외조항이 바로 비과세 제도다. 이를 활용하는 투자가 최선이다.

부동산 계약시에
이것만은 꼭 명심하자

양도소득세를 부과하는 과세표준의 구성요소를 잘 이해하면서
각 단계마다 영수증을 잘 챙기는 습관을 길러야 한다.

속담에 '호미로 막을 것을 가래로 막는다'는 말이 있다. 커지기 전에 처리했으면 쉽게 해결되었을 것을 방치해 두었다가 나중에 많은 노력을 기울여야 겨우 문제를 해결할 수 있다는 말이다.

부동산 상담을 하다 보면 사고를 친 후에 문제가 발생해서 오는 경우가 많다. 특히 세금에 관해서 더욱 그렇다. 부동산투자시 세금에 관해서는 반드시 계약 전에 전문가와 상담을 한 후 전략을 짜서 행동으로 옮겨야 한다.

내가 상담하는 세무사는 "양도소득세에 관해서는 솔직히 자신이 없다. 세무사라고 모든 세법을 다 잘 알지는 못한다"라고 항상 말한

다. 병원에도 의사들의 각자 전공하는 과목이 다르다. 마찬가지로 세무사들도 자신이 잘하는 분야가 따로 있다. 상속증여세 부분을 주로 취급하는 사람이 있고, 기업체 기장대리를 주로 하는 사람이 있다. 그리고 양도소득세는 자주 바뀌고 공부할 것도 많다.

무엇보다도 양도소득세는 일반인을 상대로 한 서비스다. 기업체 기장대리를 하면 꾸준한 소득이 발생하는 데 반해 일회성에 그친다. 그러니 세무사 입장에서는 양도소득세 분야는 공부하는 노력에 비해 소득이 적다. 그래서 대부분의 세무사들은 기본적인 내용은 아시겠지만 복잡한 사안은 잘 모를 수 있다. 적어도 양도소득세 전문 세무사 세 사람에게는 상담하길 권한다. 경험이 많은 세무사, 젊고 유능한 세무사, 그리고 앞의 두 분이 남자라면 또 다른 한 분은 꼼꼼한 여자 세무사면 좋겠다. 특히 세금 문제는 '어느 시기에 매매하느냐? 명의자가 누가되는가? 어떤 상황에서 매매하느냐?'에 따라 세금이 크게 달라진다. 계약시 어떤 점에 주의해야 하는지 살펴보자.

누구 명의로 할 것인지
잘 고민하라

부동산을 취득할 때부터 나중에 매매시 양도소득세에 영향을 미치는 것을 고려해야 한다. 원칙적으로는 명의를 분산하는 것이 좋다.

이때 자녀 명의로 할 때에는 증여세 문제가 발생하는지 검토해야 한다. 자녀라도 결혼하면 원칙적으로 세대분리가 된다.

그러나 요즈음 30세가 넘어도 함께 거주하는 경우가 있다. 이때 최저생계비 이상 소득이 있으면 세대를 분리해야 유리하다. 여기서 최저생계비는 1인 가구인 경우 대략 65만 원이다. 2인 가구면 110만 원이 된다. 이 기준은 매년 인플레이션으로 인해 물가가 오르면 올라간다.

또한 부부공동명의로 하면 추가 비용이 들지 않으면서 양도세 절감효과를 볼 수 있다. 부부간 증여는 6억 원까지는 비과세되어 증여세가 없다. 하지만 기준시가 4%의 증여에 따른 취득세는 부담해야 한다.

취득시기 및 양도시기를
잘 조절하라

취득 및 양도시기를 결정할 때부터 세무전문가와 상담을 해 보고시기를 조절할 필요가 있다. 생활하면서 흔히 부딪히는 사례들이다. 이 사례들을 참고해 취득양도시기를 조절함으로써 세금을 절세할 수 있는 경우를 살펴보자.

첫째, 하나의 주택을 소유하면서 집을 늘려 나간다면 기존 주택 취득 후 1년 후에 다른 주택을 취득해야 일시적 1세대 2주택 비과세 적용을 노려볼 수 있다. 그걸 모르고 1년 안에 두 주택을 취득하면 1세대 2주택 비과세 적용이 되지 않는다. 이렇게 기존 1주택이 있는 상태에서 추가로 주택을 취득해서 2주택이 되면 과거 주택을 3년 내에 처분해야 비과세 혜택을 받는다.

둘째, 임대사업자 등록을 한 상태에서 본인 소유 주택을 비과세 받으려면 반드시 2년 거주 요건을 채워서 매도해야 한다.

셋째, 자신과 부모님이 각각 집을 1채씩 보유한 상태에서 부모님 봉양을 위해 합가한 경우에는 합가한 날로부터 5년 내에 비과세 요건을 갖춘 집을 처분해야 비과세받을 수 있다.

넷째, 각자 주택을 1채 보유한 남녀가 결혼하면서 2주택이 되었으면 2주택 중 하나를 5년 내에 팔면 비과세된다. 물론 2년 이상 보유 요건을 충족해야 한다.

다섯째, 1년 안에 2번 양도를 하면서 한 곳에서 양도차손이 발생하면 당해에만 양도차익과 통산할 수 있다. 하지만 비과세대상 1세대 1주택의 양도차손은 다른 양도차익과 통산이 안 된다.

여섯째, 증여받은 부동산이 있다면 5년 후에 처분하도록 하자. 만약 증여받은 부동산을 증여받은 날로부터 5년 내에 처분하게 되면 증여자의 취득가액으로 양도소득세를 계산하는 이월과세 제도가 적용된다. 그렇게 되면 양도차액이 커서 양도소득세 폭탄을 맞을 수 있다.

일곱째, 토지보상지역에서 양도소득세 감면은 1년에 2억 원, 5년 이내 3억 원이다. 이 시기를 잘 이용해 토지매매시기를 조절하면 절세효과를 볼 수 있다.

영수증 하나라도
그때그때 알뜰하게 챙기자

양도소득세를 줄이는 방법은 기본적으로 과세표준을 줄이는 것이다. 과세표준은 세금을 부과함에 있어서 그 기준이 되는 것이다. 각 세법이 정하는 바에 따라 계산된다. 양도소득세의 과세표준을 구하는 방법을 살펴보자.

우선 내가 판 집 가격에서 샀던 가격을 뺀다. 여기에 그동안 사고 보유하고 팔 때 들어간 필요경비를 뺀 금액이 양도차익이다. 여기서 보유하면서 수리할 때 든 비용 중 자본적 지출에 해당하는 금액은 필요경비로 인정된다. 즉 필요경비는 집값을 올리는 데 든 비용이다. 그 예로 창틀 교체나 발코니 확장 비용, 욕실 리모델링 비용, 보일러 교체 비용 정도이다.

양도차익에서 장기보유특별공제와 기본공제를 제하면 과세표준이 나온다. 이런 양도소득세를 부과하는 과세표준의 구성요소를 제대로 이해하면서 각 단계마다 영수증을 챙기는 습관을 길러야 한다. 이렇게 그때그때 챙기지 않으면 나중에 양도시 입증할 때 어려움을 겪는다. 조그만 습관 하나하나가 '돈'이라는 것을 명심해야 한다. 이것이 바로 절세의 기본이다.

투자 포인트

부동산투자에서 세금은 미리 알고 대비하는 게 최선이다. 부동산투자에서 수익은 세금이 좌우한다. 세금은 묻고 또 물어야 한다. 그것이 실수를 줄이는 지름길이다.

문재인시대에도 통하는
부동산재테크 전략

사실상 아파트나 빌라 외에 다가구 단독주택을 소유하는
수많은 국민은 임대소득 과세대상에서 제외되어 있다.

이명박정부 5년 동안 총 28차례의 부동산규제 완화대책이 있었다. 박근혜정부 4년 간에도 주요 경제정책 및 대책을 총 11차례 발표했다. 다주택자 양도세 중과세 폐지, 주택담보인정비율(LTV), 총부채상환비율(DTI) 완화, 전월세자금 대출지원 등 모든 정책의 초점이 부동산경기 부양에 있었다.

특히 박근혜정부 2기 최경환 경제팀이 꾸려지면서 2014년 7월 9월 연달아 내놓은 '최경환 경제팀의 경제정책 방안'이 이른바 '초이노믹스'다. 이때부터 기준금리는 계속 내려갔고 LTV과 DTI을 각각 70%와 60%로 완화했다. 이른바 '빚내서 집사라'고 했다. 박근혜정부 때 '초이노믹스'를 믿고 빚내서 집 샀던 사람들은 결국 지금까진 부분적으로 성공했다. 집값과 전세값이 크게 올랐기 때문이다.

문재인정부 출범 이후
확 달라진 부동산정책

하지만 문재인정부가 들어서면서 상황이 달라졌다. '6·19부동산대책'에 이어 규제의 완결판인 '8·2부동산대책'을 내놓았다. 그후 다주택자들의 임대주택등록을 장려하기 위해 '12·13임대주택 등록 활성화방안'을 내놓았다.

　문재인정부는 이른바 '부동산 과열과의 전쟁'을 하고 있다. 대출을 규제하면서 자기 돈을 가지지 않고는 집을 살 수 없게 되었다. 서울 전 지역에서 입주 때까지 분양권을 거래할 수 없게 되었다. 투기과열지구 및 투기지역 지정도 부활했다.

　1가구 1주택자도 비과세를 받기 위해서는 특정지역에 대해서 2년 거주 요건도 부활했다. 다주택자들 양도소득세 중과세 제도를 시행한다. 2018년 4월까지 다주택자들이 팔아서 주택 수를 줄이든지 임대사업자를 내든지 택일하라고 압박한다. 그러면서 2017년 12월 13일 발표한 임대주택 활성화방안을 통해서는 임대사업자 등록에 대한 당근책을 제시했다.

정부정책을 잘 읽고 자신의 자산을 어떻게 운용할 것인지 생각해야 한다. 어느 정부가 들어서든지 정부의 부동산정책의 방향은 항상 같다고 볼 수 있다. 부동산경기가 너무 침체되는 것도 문제고, 너무 과열되는 것도 골칫거리다. 정치인들이 제일 중요시하는 것은 '유권자의 표'다. 누가 표를 많이 가졌는가를 따져 그들의 답답한 심정을 풀어주어 '표'를 얻는 정책을 펴려고 한다.

수도권 주택시장은 2006년 말 상승장을 마지막으로 2008년 미국발 금융위기 때부터 2013년까지 침체기를 맞이했다. 하지만 대구, 부산 등 지방 주택시장 수도권 상승 때 장기간 미분양물량이 많아 공급이 되지 않았다. 그 결과로 2010년 이후 지방 주택시장이 상승했다. 한편으로 이명박정부 때에는 분양가 상한제와 보금자리주택 사업으로 2008~2014년까지 거의 수도권에 새 아파트가 공급되지 않았다. 그러다보니 수도권 주택시장 침체기와 신규공급 부족으로 전세난이 일어났다. 매매가 주춤하니 전세수요는 증가하는 것이 당연했다. 2016년 6월 이후 신축아파트 공급이 증가해 수도권 전세가율이 하락하기 시작했다.

2014년부터 회복하기 시작한 서울의 아파트가격이 2016년에 폭등시장으로 이어졌다. 2015년에는 전세가도 오르고 시세도 오르는 시기라 전세를 끼고 투자하는 '갭 투자'가 성행했다. 한편으로 갭 투자는 전세공급을 증가시킨다. 또한 위례 및 하남, 미사지구의 입주 및 동탄2신도시 입주로 전세난이 해소되어 안정되기에 이르렀다.

문재인정부 들어서는 2016년 서울 강남 재개발아파트 위주로 아파트 값 폭등이 문제였다. 노무현정권 때 수많은 대책에도 아파트 값 상승을 못 잡았다. 그런 아픈 경험을 겪은 현 정부는 '8·2부동산대책'에 이어 '9·2부동산추가대책'까지 발 빠르게 움직이고 있다. 시장은 일단 진정되어 가는 것처럼 보이지만 금방 강남4구를 중심으로 오름세를 보이고 있다. 이른바 부동산의 양극화가 시작되었다. 다주택자를 규제한다니 똑똑한 한 채에 집중하려는 현상이 나타나고 있다. 정책의 부작용이 나타날 조짐을 보이고 있다.

앞으로 부동산시장이 침체된다면 각종 부동산 세수가 줄어든다. 늘어나는 문재인정부의 복지예산을 충족할 새로운 부동산세금 개편안이 마련될 것으로 예측하는 사람이 많다. 그것은 바로 '보유세 인상'이다. 문재인 대통령이 후보시절 '국내 총생산의 0.78 정도인 현재 보유세를 1% 수준으로 인상'하는 안을 제시했었다. '보유세 인상'은 다주택자에게 큰 부담이 되는 제도가 될 것이다.

문재인시대뿐 아니라

시대를 초월한 부동산투자법

이제 평범한 아파트투자로 돈 벌 생각을 접어야 하는 시대가 된 느낌이다. 그러면 대안은 없는가? 소나기는 잠시 피해야 한다. 굳이 정부정책에 역행하는 투자를 할 필요가 없다. 부동산에는 여러 종류가 많다. 꼭 아파트투자로 돈을 번다는 생각보다는 다른 대안을 찾아야 한다. 여러 가지 실천 가능한 대안을 생각해보자.

첫째, 여러 채의 집을 보유하기보다는 똑똑한 한 채에 집중하자.

이제 여러 채의 집을 보유하면서 시세차익을 노리는 투자는 한계에 직면했다. 다름 아닌 다주택자 양도세 중과세 제도 도입 때문이다. 대부분 아파트 값이 많이 오르는 지역은 '조정대상지역'에 포함된다고 보면 된다. 이 지역에서 2주택자는 기본세율 외에 10%포인트, 3주택 이상은 20%포인트의 가산세를 부과하고 장기보유 특별공제 적용도 없다. 또한 1세대 1주택 양도소득세 비과세 요건도 2년 보유 요건에서 거주 요건을 추가했다.

이런 상황에서 부동산투자는 무엇보다 '지역성'이 더 중요하게 되었다. 즉 자신이 살면서 그 집값이 인플레이션율과 금리 이상으로 꾸준히 오를 지역을 선택해야 한다. 더욱더 부익부 빈익빈 현상이 초래되지 않을까 염려되는 부분이다. 서민들이 쉽게 접근하는 곳은 땅값도 싸지만 오를 가능성 또한 없는 곳이 대부분이기 때문이다.

바야흐로 내가 강조하는 '살면서 돈 나오는 집'이 더욱 빛을 발하게 되었다. 다가구주택은 단독주택이다. 정부에서 보는 다주택자가 아니다. 세금 폭탄규제는 피해갈 수 있다. 그러나 효과는 다주택자가 누리는 것을 다 누릴 수 있다. 그뿐만 아니다. 다가구주택을 깔고 있는 '땅'이 내 것이 되기에 지가상승의 효과를 고스란히 내가 누릴 수 있다.

건축물은 시간이 지나면 감가상각된다. 그때 내 손으로 직접 재건축을 하면 된다. 아파트와 이 부분이 차이가 난다. 물론 대규모로 모여 살면 편리하고, 시너지효과도 분명 있다. 그게 아쉬우면 살기 좋은 아파트 단지 근처의 다가구주택을 구입해서 살면 된다.

둘째, 수익형 부동산에 관심을 갖자.

정부정책 입안자들은 '주택으로 재테크 할 생각을 하지 마라'는 신호를 주고 있다. 그러면 자본주의 사회에서 영원한 진리가 있다. '수익률이 가격을 뒷받침해준다'는 사실이다. 주택 외에 수익성 부동산은 많다. 오피스텔, 지식산업센터, 상가, 창고, 공장 등 수없이 많다. 될 수 있으면 주택같이 거주용에 투자하는 것이 위험을 줄이는 길이다.

주거용 수익형 부동산 외에 상가를 사례로 살펴보자. 자신이 구입한 상가의 위치가 좋아서 장사가 잘 되면 권리금이 붙어 거래가 된다. 그야말로 금상첨화다. 그런 상가는 임대료가 떨어지지 않고 오히려 오른다. 그러면 매매가도 자연히 오른다. 오르는 폭은 주변 상가투자 수익률로 환원한 만큼이다.

조금 더 이해를 돕기 위해 1층에 상가가 3개인 신도시 상가주택으로 예를 들어보자. 주변 상가투자 수익률이 5%라고 가정하자. 최근에 상가 3곳에서 월세를 각각 20만 원씩 올려 받았다면 상가주택

값을 얼마 더 받을 수 있을까?

3곳이니까 월 60만 원이 추가 수입이다. 1년이면 720만 원이다. 이 금액을 인근 상가투자 수익률 5%로 나누면 1억 4,400만 원이다. 만일 지금 시세가 10억 원이라면 11억 4,400만 원에도 팔린다는 소리다.

셋째, 이왕 다주택으로 갈 바에는 장기임대사업자가 되자.

정부는 다주택자에게 2018년 4월까지 집을 팔아서 1세대 1주택자가 되든지, 아니면 임대사업자로 전환하라고 했다. 그렇지 않으면 매도시 양도세 중과를 하겠다는 것이다. 정부는 서민들의 주거안정을 위해 많은 것을 해주고 싶다. 하지만 문제는 돈이 없다는 것이다. 정권 창출을 해준 사람들에게 해줄 것은 많은데 '돈'이 문제다. 결국 정부는 돈 가진 자본가들을 유인할 수밖에 없다.

사실상 아파트나 빌라 외에 다가구 단독주택을 소유하는 대한민국의 수많은 국민들은 임대소득 과세대상에서 제외되어 있다. 과거 정권에서도 임대주택 과세에 대해 논의하다가 여론의 저항으로 '유권자 표'를 의식해 적극적으로 시행하지 못하고 유보했다. 현 정부에서는 세원 발굴차원에서 '임대사업자'로 등록을 적극 유도하는 것이다.

실제는 임대사업소득세만이 문제가 아니다. 그로 인한 부가세인 지역건강보험료 문제가 있다. 국민연금보험료는 저축성이다. 당장 자신의 호주머니에서 나가니까 아쉽지만 별 문제가 아니다.

8년 이상 장기 '준공공임대사업자'가 되면 여러 가지 세제 혜택이 있다. 취득시 취득세 감면과 보유시 재산세와 종합부동산세도 감면 혜택이 있다. 양도시에는 일정 주택에 대해서는 2018년 말까지 취득하면 100% 양도소득세 감면 혜택도 있다. 실제로 모든 혜택을 받으려면 8년이 아니라 10년간 보유해야 한다.

혜택이 있으면 의무도 따른다. 그 기간 동안 임대사업자 외에는 매매를 못한다. 연간 5%로 임대료 인상 제한을 받는다. 임대조건이 변경되면 3개월 내에 임대주택 소재지 시군구에 신고해야 한다. 신고 위반시 1천만 원 이하의 과태료가 부과된다. 임대 의무기간을 어기면 2년 이하 징역이나 2천만 원 이하의 벌금이 부과된다.

겁먹을 필요는 없다. 정부에서 부동산투기자로 보는 사람은 단기 투자로 시장 질서를 어지럽히는 자들이다. 장기투자는 오히려 혜택을 주면서 권장하는 것이다. 정부정책에 부응해 여러 주택을 구입해서 '준공공임대사업자'로 등록하면 된다.

나도 거주주택 외에는 임대사업자 등록을 했다. 현실에서 직접 경험해보면 월세를 매번 5% 이상 인상할 수 없다. 주변에 신축건물이 등장해서 월세를 현상 유지하는 것도 감사할 때가 많다. 월세 세입자들이 넘쳐나는 좋은 입지에서 '다주택자'가 되자. '준공공임대사업자'가 되라. 다시 한번 강조하지만 '한번 사도 오래 갖고 싶은 주택을 사라'는 철학에 부합하는 투자다. 그런 곳은 매매차익이 당연히 존재한다. 그러면 정부가 '양도세 감면'이라는 달콤한 보상을 줄 것이다.

넷째, 부동산 임대법인사업자가 되자.

정부는 개인들이 주식투자하는 것은 별 문제 삼지 않는다. 개인투자자로서 수익을 내기는 힘들다. 기관투자자와 외국인의 '먹잇감' 노릇을 하는 경우가 대부분이다. 개인투자자의 피해는 부동산시장에서보다도 더 많은 것 같다. 그렇다고 자본주의 최고의 발명품인 주식회사제도와 자본시장의 큰 흐름을 막을 수는 없다. 그것을 규제하면 자본주의 경제체제를 부정하는 꼴이다. 그러니 주식시장은 정부에서도 부동산처럼 과도한 규제책은 없다. 강한 자만이 살아남는 '정보의 약육강식 세계'를 지켜볼 뿐이다. 그러나 정부에서는 같은 경제재이지만 부동산, 특히 주택에서 투자자가 수익을보는 것은 잘 봐주기 힘들다.

부동산투자에서 소외된 사람들의 '배 아픔'을 어루만져주는 것이정치다. 그래야 표를 모을 수 있다. 그래서 다주택자들에 대한 양도세 중과세 같은 대책이 나오는 것이다.

부동산투자와 임대를 통한 수익을 추구한다면 한두 채만 투자하지 않을 것이다. 그렇다면 1가구 1주택 양도세 비과세 혜택 범위를결국 넘어설 수밖에 없다. 그때 개인적으로 임대사업자 등록을 할것인지, 더 나아가 법인임대사업자로 할 것인지 면밀하게 고려해봐야 한다.

법인에게 다주택자 양도세 중과는 의미가 없다. 개인소득세보다 훨씬 저렴한 법인소득세만 내면 된다. 물론 대표자 개인소득세와 합산하면 그게 그것일 수 있다. 하지만 여러 가지 필요경비를 인정받을 수 있는 장점을 살릴 수 있다. 각자가 처한 상황을 고려해서 최선책을 고르면 될 일이다.

투자 포인트

문재인정부 시대의 다주택자 중과정책에 대응하는 최고의 대비책은 너무나 간단하다. 내가 살며 돈 나오는 다가구주택이 답이다.

주택임대사업자와 상가임대사업자, 최후의 승자는?

임대사업자의 종류와 주택임대사업자의 개념에 대해 확실히 알자.
같은 임대사업자라도 정부정책에 부응하면 세금 혜택이 주어진다.

부동산에 투자하면서 '어떤 물건에 투자해야 하나?'라는 물음은 항상 있다. 자신이 거주하는 주택을 제외하고 투자대상 부동산을 찾는다면 더욱 고민이다. 나도 늘 이 질문을 받고 있고, 그 정답을 찾아서 공부하고 있다. 늘 '화두'로 생각하고 있다.

2018년 1월 1일부터 고소득에 대한 소득세율 인상이 있었다. 소득 3억 원 이상 5억 원까지 40% 적용, 5억 원 초과 42% 세율이 신설되었다. 2018년 4월 1일부터 2주택자 10% 가산세, 3주택자 20% 가산세가 적용되는 다주택자에 대한 양도소득세 중과세 제도가 시행된다. 세금에 대한 부담이 더욱 커지게 되었다.

새로운 소득세율체계와 다주택자 중과세 제도에서는 세후 수익
이 더욱 중요하다. 최근 컨설팅의뢰를 받아 투자규모가 큰 금액을
가지고 분석해보았다.

임대사업자의 종류를
제대로 알자

임대란 '돈을 받고 자신의 물건을 남에게 빌려주는 행위'를 말한다.
이 책을 읽는 독자들은 부동산임대에 관심이 있다. 부동산임대사업
자를 분류하는 데는 그 기준에 따라 여러 가지로 분류할 수 있다. 임
대하는 주체가 누구인지에 따라 기업이 임대하면 기업형 임대주택
사업자가 있고, 일반 개인임대사업자가 있다. 또한 기간에 따라 8년
이상 임대의무가 있는 장기일반 민간임대사업자가 있고, 4년 이상
인 단기 민간임대주택이 있다.

나는 여기서 부동산투자자 관점에서 새로운 분류를 하고자 한다.
즉 임대할 수 있는 부동산의 종류에 따라 임대사업자를 나누어보는
것이다. 임대하는 부동산이 사람이 거주할 수 있는 주택인지 아닌
지로 구분하는 것이다. 주택을 임대하면 '주택임대사업자'가 된다.
주택이 아닌 비주택, 즉 지식산업센터나 창고, 공장, 빌딩 등을 임대
하면 그냥 '임대사업자'라고 한다.

이렇게 구분하는 데는 그 실익이 있기 때문이다. 주택과 비주택은 그 속성의 차이로 인해서 정부에서 주는 각종 금융과 세제 혜택에서 차이가 난다. 주택은 인간이 살아가면서 의식주를 해결하는 데 필수재화다. 따라서 어느 정부를 막론하고 주택을 오랫동안 안정적으로 싸게 임대하는 정책을 펴려고 한다.

문제는 그렇게 하려면 많은 돈이 든다는 것이다. 정부가 혼자 감당하기에는 큰 부담이다. 그래서 민간자본을 끌어들일 수밖에 없다. 그렇게 하려다 보니 금융지원과 세제 혜택이 필수다.

지난 2017년 8·2부동산대책으로 다주택자 세금중과정책이 시행되었다. 정부정책에 순응하면서 부동산투자를 할 수 있는 방법을 주택임대사업자 등록에서 찾아야 한다. 그래서 주택과 비주택임대사업자로 구분해 투자 수익을 비교해보려는 것이다.

주택임대사업자의 개념에 대해
확실히 알자

자신이 소유한 주택의 일부 또는 전부를 타인에게 제공하고 그에 따른 반대 급부를 받는 사람을 '주택임대사업자'라 한다. 여기서는 분석의 편의를 위해 임대주체가 개인이 아닌 기업형은 다루지 않겠다. 주택임대사업자는 제도권에 등록한 주택임대사업자와 등록하지 않은 주택임대사업자로 분류할 수 있다.

정부에서는 임대사업자 등록을 장려하기 위해 2018년 3월 31일까지 임대사업자로 등록하면 5년 이상 임대한 주택에 한해 양도세 중과대상 주택에서 제외해 주기로 했다. 2018년 4월 1일 이후에는 장기일반 민간임대주택(구 준공공임대주택)으로 등록해 8년 이상 임대한 주택에 한해서 중과대상 주택에서 제외해준다. 그 외에도 주택임대사업자에게 주는 혜택은 여러 가지가 있다. 다른 장에서 자세히 다룬 내용을 간단히 요약해보자.

정부에서 등록 주택임대사업자에게 주는 혜택이 많다 보니 많은 사람들이 임대사업자로 등록하고 있다. 국토교통부에 따르면 2018년 3월 한 달간 3만 5,006명이 임대주택사업자(개인)로 신규 등록해 사상 최대치를 기록했다고 한다. 이는 2017년 3월에 등록한 임대사업자(4,363명) 대비 8배 증가한 수치이며, 전월(9,199명)과 비교해서도 3.8배나 증가한 수치다. 2018년 3월 말 기준으로 전국적으로 등록된 개인임대주택사업자는 누적으로 31만 2천 명이며, 이들이 등록한 임대주택 수는 총 110만 5천 채로 집계되었다고 한다.

또한 2017년 12월 13일 '임대등록활성화방안' 발표 전후 임대사업자 등록 추이를 살펴보면, 2017년 12월 13일부터 2018년 3월까지 4개월에 못 미치는 기간에 등록한 임대사업자는 총 5만 8,169명으로 이는 2017년 1월부터 12월 12일까지 11개월 이상에 걸쳐 등록한 임대사업자(5만 7,993명)와 유사한 수치다.

등록주택임대사업자 혜택			
구분	단기임대(4년)	준공공임대(8년)	요건
취득세	최초분양 60m² 이하 100% 면제	최초분양 60m² 이하 100% 면제	면적 요건, 공동주택 및 오피스텔 (단독, 다가구 제외)
재산세	40m² 이하 50% 경감 60m² 이하 50% 경감 85m² 이하 25% 경감	40m² 이하 100% 감면 60m² 이하 75% 경감 85m² 이하 50% 경감	면적 요건, 공동주택 및 오피스텔 (단독, 다가구 세외) 2호 이상
종합부동산 세합산배제		기준시가 6억 원 이하 (지방 3억 원)	기준시가
임대 소득세	85m² 이하, 기준시가 6억 원 이하 30% 감면	85m² 이하, 기준시가 6억 원 이하 75% 감면	면적 및 기준시가
양도소득세 중과세배제	기준시가 6억 원 이하 (지방 3억 원) (2018년 3월 31일 이전 등록자)	기준시가 6억 원 이하 (지방 3억 원)	기준시가
양도세 장기보유 특별공제	기준시가 6억 원 이하 (지방 3억 원) 6년 이상 임대시 2~10% 추가	85m² 이하 8년 임대시 장기보유특별공제 70% 적용	단기 : 기준시가 요건 준공공 : 면적 요건
양도세 100% 감면		85m² 이하 10년 임대시 양도세 100% 감면 (2018년 12월 31일까지 취득분)	면적 요건 및 취득 후 3개월 내 등록
양도소득세 거주주택 비과세	기준시가 6억 원 이하 (지방 3억 원) 거주주택은 2년 이상 거주	기준시가 6억 원 이하 (지방 3억 원) 거주주택은 2년 이상 거주	기준시가 및 거주 요건

구 분	다세대주택 투자자	근린상가 투자자	비고
투자금	5억 원	5억 원	
대지지분 / 시세	50평 / 15억 원 (전세보증금 10억 5천만 원 및 취득부대비용 5천만 원)	4평 / 4억 6천만 원 (취득 부대비용 4천만 원)	
전용면적 및 임대사항	1층: 주차장 2~4층: 각층 1.5룸 1세대 및 2룸 1세대 (1.5룸: 1억 5천만 원 전세 2룸: 2억 원 전세) 전세보증금 10억 5천만 원 5층: 주인거주	보증금 1천만 원, 월 200만 원 임대	*1.5룸은 40m² 이하, 2룸은 60m² 이하임 *지식산업센타는 준공업지역 용적률이 높은 곳에 위치함. 고층 건물로 대지지분 미미함
10년 후 예상시세	땅값 매년 3%씩 상승. 19억 5천만 원	5억 원	지식산업센타는 오피스텔과 유사해서 시세차익이 거의 없음
임대수입합계	0	2억 4천만 원 (이자 무시하고 단순 합산)	
총 수익 합계	4억 5천만 원	2억 4천만 원	
세후수익합계	4억 5천만 원	매년 소득세 납부분 만큼 감소	

　그러면 여기서 5억 원 자본금을 가지고 2018년 3월 1일 서울 광진구 구의역 역세권에 대지 50평 다세대주택을 투자한 사람과 서울 지하철 2호선 성수역 인근 지식산업센타 2억 5천만 원짜리 2채에 투자한 사람 간의 향후 10년 후 투자수익률을 분석해보자.

　이 두 사람은 각각 임대사업자 등록을 했다. 다세대주택에 투자한 사람은 준공공주택임대사업자로 등록을 했다. 지식산업센타에 투자한 사람은 부동산임대사업자로 등록했다.

앞 표에서 미처 표현 못한 부분을 보면, 주택임대사업자로 등록한 자는 취득단계에서 최초분양분을 구입했다면 취득세도 100% 면제를 받았을 것이다. 하지만 근린상가는 취득시 4.6%의 취득세를 부담한다. 그뿐만 아니다. 보유하면서 재산세도 1.5룸은 $40m^2$ 이하니까 100% 감면받고, 2룸은 $60m^2$ 이하니까 75% 경감받는다. 하지만 근린상가는 재산세 감면 혜택이 전혀 없다.

임대소득세도 75% 감면받는다. 제일 중요한 사항은 10년 후 매매했을 때 상기주택임대사업자는 양도소득세를 한 푼도 내지 않는다는 것이다. 왜냐하면 2018년 12월 31일 이전에 취득하고 3개월 내 준공공주택임대사업자로 등록한 후 10년 경과해서 매매하면 양도세 100% 면제 혜택을 받기 때문이다.

하지만 근린상가를 10년 보유하고 팔아도 임대료가 오르지 않는 이상 매매가격이 오르지 않는다. 오른다 해도 미미하지만 그에 따른 양도소득세는 피할 수 없다.

구체적 사례를 가지고 따져보니 확실히 명확해졌다. 주택임대사업자와 일반임대사업자가 누리지 못하는 정부에서 지원해주는 각종 세금 혜택에서 이익을 볼 수 있다.

내가 기회 있을 때마다 강조하는 내용이 있다. 토지 지분이 큰 땅을 타인 자본을 가지고, 할 수만 있다면 더 많이 가져야 한다. 그러면서 세월과 동업하는 것이다.

좋은 위치에 투자했다면 시간이 흐름에 따라 반드시 큰 이익을 안겨준다. 큰 이익이 발생할 때 부담할 세금을 절약하기 위해서 해야 할 일이 있다. 그 땅 위에 있는 주택을 준공공임대사업자로 등록해서 임대하는 것이다. 그러면 보유하면서 세금 혜택을 누리는 동시에 매매할 때 큰 금액의 양도소득세 혜택을 보니 금상첨화다.

그러니 주택임대사업자와 일반임대사업자 중 누가 승자인가? 답은 너무나도 명확하다.

투자 포인트

같은 임대사업자라도 정부정책에 부응하면 세금 혜택이 주어진다. 세금을 잘 활용하는 투자자가 최후의 승자가 된다.

보석 같은 부동산을
한번 사서 팔지 않는다

팔면 그 부동산의 가격이 떨어지지 않는 한, 팔았던 금액으로
다시는 동일한 부동산을 살 수 없다는 사실이 중요하다.

인간은 태어나서 죽을 때까지 의식주(衣食住)를 해결하면서 살아간
다. 그 중에서 이 책을 읽는 독자들은 주거문제에 관심이 많다. 성인
이 되어서 돈을 벌면 안정적인 삶을 살기 위해 내 집 마련을 한다.
이때 반드시 따라 붙는 것이 세금이다.

부동산세금은 취득단계, 보유단계, 양도단계로 나누어서 단계별
로 부과되는 세금의 종류도 다양하다. 많은 종류의 세금 중에서 양
도소득세는 부동산을 양도할 때 내는 세금이다. 살아가면서 생존에
필요한 부동산을 취득하면서 살아야 한다. 피해갈 수 없다. 하지만
부동산을 처분하는 것은 내가 살아가는 동안에 하지 않을 수 있다.

그러면 자동으로 자식에게 상속이 될 것이다. 내가 취득한 부동산을 내가 팔지 않는다면 적어도 나는 양도소득세나 상속세에서 자유로울 수 있다.

한번 사면 팔지 않는다는 것은 부동산을 오래 보유한다는 것이다. 그만큼 가치 있는 부동산을 사야 한다. 또한 부동산을 오래 보유하려면 보유하면서 부담하는 각종 비용을 감당하기 쉬워야 한다. 그러기 위해서는 취득한 부동산에서 수익이 나오는 시스템을 갖추면 좋다. 나는 이런 맥락에서 한번 사면 팔고 싶지 않은 보석 같은 부동산을 가지려고 노력한다.

부동산투자를 하는 사람 중에는 단기 시세차익을 노리는 사람도 있다. 부동산을 사고파는 데 많은 돈이 소요된다. 그래서 쉽게 사고팔 수 있는 재화는 아니다. 국가에서도 자주 사고파는 행위를 하는 사람들에게 높은 양도소득세율을 부담하게 한다. 부동산투기를 한다고 보기 때문이다.

왜 한번 사면
팔지 않는 것이 좋을까?

이렇게 생각해보자. 지금 내가 매입하기 위해 찾고 있는 부동산을 거꾸로 시장에 판다고 가정해보자. 그리고 이 물건을 사려는 사람의 입장이 되어보자. 입지도 보고 장래성 수익성도 따져볼 것이다. 그런데도 산다면 여러 가지 면에서 합격점을 받았다는 것이다. 당연히 수익률도 좋았다는 것이다.

여기서 수익률은 어떻게 분석되었을까? 분석대상 부동산에서 나오는 수익금에 12개월을 곱한 값을 투자금액으로 나누면 연간 수익률이 나온다.

$$\text{분석대상 연간 수익률(\%)} = \frac{\text{매월수익금} \times 12\text{월}}{\text{투자금액 총액}} \times 100$$

이 수익률은 투자지역과 투자물건에 따라 다르겠지만 대략 5% 전후일 것이다. 이제 매도하는 사람 입장에서 살펴보자. 이 물건을 산 것이 언제인가에 따라서 매매차익에 대해서 양도소득세 세율이 다르게 적용된다. 1년, 2년 이내이면 세율이 중과된다. 취득 후 1년 이내이면 50%, 2년 이내이면 40%가 적용된다. 그 이상이면 일반소득세율이 적용된다.

아무튼 보유시기와 양도차익에 따라 양도소득세를 내야 한다. 만약 5억 원에 매도했다고 가정하자. 사는 사람은 5억 원에 매수해도 수익률이 5%였다고 분석되었다면, 파는 사람은 양도소득세를 내고 나면 다른 돈을 더 투입하지 않는 이상 그 물건을 다시는 살 수 없다는 결론이 나온다. 그렇다. 한 번 팔면 양도소득세가 존재하는 한은 양도소득세와 취득세를 더 투입해야 그 물건을 매입할 수 있다.

아래 도표에서도 잘 나타나 있다. 내가 팔았던 부동산을 다시 사려면 나는 양도세를 부담함으로써 그만큼 쌈짓돈을 보태야 하고 그에 따른 취득세도 부담해야 다시 살 수 있다. 어떤 부동산을 팔았던 금액으로 다시는 동일한 부동산을 절대로 살 수 없다는 사실이 매우 중요하다.

부동산 매매가격 10억 원 − 양도소득세 1억 원 = 남은 돈 9억 원 + 쌈짓돈 1억 원 + 매입부동산 10억 원에 대한 취득세

살 때 심사숙고해야 한다. 영원히 보유할 것 같은 가치 있는 물건을 샀다면 팔지 말라. 그렇게 하려면 보유하는 데 비용이 필요하다. 그 비용이 구입한 부동산에서 나온다면 금상첨화다.

투자 포인트

팔면 그 부동산의 가격이 떨어지지 않는 한, 다시는 그 금액으로 못 산다는 점을 명심해야 한다. 영원히 보유하고 싶은 '가치 있는 부동산'을 구입하는 데 집중해야 한다.

부동산투자에서 세금은 미리 알고 대비하는 게 최선이다.
부동산투자에서 수익은 세금이 좌우한다. 세금은 묻고 또 물어야 한다.

'정부정책에 맞서지 말고 대응하라' 부동산투자 전문가들이 즐겨 쓰는 말이다. 정부정책의 변화과정을 살펴보면 부동산시장 상황에 따른 정책방향을 알 수 있다. 정부정책에 순응하는 투자 방법이 무엇인지 고민해 보았다. 6장에서는 정부정책의 변화과정을 살펴보고 또한 이를 넘어 정부정책에 영향을 받지 않고 가치를 창출하는 투자 방법을 제시한다.

6장

정부의 부동산정책에
맞서지 마라

부동산정책 변화에 발맞춰
부동산투자를 하자

역대 정권들이 어떤 환경에서 무슨 정책들을 내 놓았는지 알아보면서
미래를 대비하는 혜안을 길러보자.

'과거는 미래의 거울이다'라는 말이 있다. 이 말을 토대로 과거 부동산정책과 그 탄생배경을 알면 향후 부동산정책의 변화를 헤아려볼 수 있다. 자본주의 시장경제에서 부동산보다 더 많이 정부정책의 변화에 민감한 재화는 찾기 힘들다. 그래서 부동산투자자들 사이에는 '정부정책에 맞서지 말고 분석하고 대응하라'는 말이 있다.

지금까지 부동산정책을 보면 시장 환경 변화에 따라 규제책과 부양책이 반복된다. 정권이 바뀔 때마다 부동산정책을 새롭게 수립한다. 모든 정권이 추구하는 정책 목표는 크게 다르지 않다. 어떤 정부든 정부정책의 공통분모는 '서민 주거 안정'이다. 유권자의 대다수

가 서민이기 때문이다.

그런데 정책 수립권자들은 너무 성격이 급한 것 같다. 시장이 과열되었을 때는 어떤 정책을 내놓아도 그 열기가 쉽게 식지 않는다. 정책효과의 시차도 있다. 적게는 수개월에서 몇 년씩 걸쳐서 효과가 나타난다. 그런 연유로 규제책이 나올 때면 분기에 한 번씩 규제강도가 더 큰 대책들이 쏟아진다. 반대로 부양책이 나올 때도 마찬가지다.

부동산이란 재화는 수요와 공급 및 심리적 요인이 많이 작용한다. 그런 특성을 잘 파악해서 리듬을 타면서 매도매수해야 투자에 성공할 수 있다.

부동산정책은
보수와 진보가 따로 없다

지난 수십 년간의 부동산정책을 보면 규제와 부양을 반복했다는 것을 알 수 있다. 진보정권인 노무현정부 때는 규제책이 많이 나왔고 보수정권인 이명박정부, 박근혜정부 때는 부양책이 많았다. 그리고 진보정권인 문재인정부에 들어서 계속 규제책이 나오고 있다.

그래서 착각하기 쉽다. '진보는 부동산투자로 돈 버는 꼴을 못 보는구나!' 생각한다. 하지만 꼭 그런 것은 아니다. IMF 외환위기를 겪고 나서 들어선 진보정권인 김대중정부 때는 경제를 살리기 위해 파격적인 부양책을 쏟아냈다. 아마 지금의 문재인정부도 노무현정부 다음으로 정권을 잡았다면 규제를 풀기에 온 힘을 쏟았을 거다. 그러면 무엇에 따라 규제와 부양책이 나오는 것일까? 그것은 그 당시 부동산을 둘러싼 경제환경에서 비롯된다. 역대 정권들이 어떤 환경에서 무슨 정책들을 내놓았는지 알아보면서 미래를 대비하는 혜안을 길러보자.

박정희정부(1963.12 ~ 1979.10)

박정희정부 때는 우선 먹고 사는 문제를 해결하는 것이 우선이었다. 그래서 경제개발 정책을 적극 실현했다. '국토종합개발계획'이 수립되고, 공업단지 조성을 위한 '토지수용법'이 제정되었다. 도시화가 진행되면서 도시계획에 의거한 시가지개발사업이 본격적으로 추진되었다. 늘어나는 주택공급을 위해서 1962년 '대한주택공사'가 설립되었다.

박정희정부는 집권 기간이 길어서 그 기간에 부동산개발 및 부양책만 있었던 건 아니다. 1973~1974년과 1978~1980년에 있었던 두 차례 오일쇼크로 부동산 침체기가 있었지만 1970년 중반부터는 소득증가와 인구집중으로 부동산투기가 성행했다. 이런 투기를 잡기 위해 양도소득세 강화, 재산세 개편 등 강력한 투기억제정책을 폈다. 하지만 인플레이션과 부동산 폭등을 잡지는 못했다.

전두환정부(1980. 9 ~ 1988. 2)

1978년 2차 오일쇼크와 1979년 박정희 서거로 정치불안 상태에서 경제성장률이 -1.5%로 떨어졌다. 군부쿠데타로 집권한 전두환정부는 내수 진작과 주택경기 활성화에 집중했다. 전두환정부의 가장 큰 업적이 있다. 국민의 주거생활의 안정을 보장할 목적으로 1981년 '주택임대차 보호법'을 제정했다. 이 법은 2015년 1월 6일 법률 제12989호까지 17차례 개정이 있었다.

인구의 도시집중에 따른 주택난 해소를 위해 '택지개발촉진법'을 제정했다. 이때 개포·고덕·목동·상계·중계택지지구가 조성되었다. 부동산시장이 과열되자 1982년 12월 12일 '주택투기억제대책'이 발표되었다. 1983년 채권입찰제, 1984년 토지거래신고제, 1985년 비업무용 토지 누진과세와 대형주택 중과세 제도가 생겼다. 1985년 주택경기가 침체되자 그해 9·5주택건설 활성화대책이 나왔다. 또 과열되자 1987년 부동산투기 억제대책이 나왔다. 이렇듯 전두환정부는 그때 그때 임기응변식의 부양과 규제를 반복했다.

노태우정부(1988. 2 ~ 1993. 2)

전두환정부 때 비롯된 부동산 폭등을 잡기 위해 1기신도시 개발을 골자로 한 '주택 200만호 건설계획'을 발표한다. 공급확대와 규제정책도 총동원해 주택 값을 안정시켰다. 검인계약서 제도가 도입되고 1주택 비과세 요건을 3년 거주 및 5년 보유로 강화했다. 1989년 5월에는 민간아파트 분양권 전매 금지가 도입되었다. 그래도 부동산가격이 상승하자 1989년 12월 토지공개념을 도입해서 '토지초과 이득세법' '택지소유 상한법' '개발이익 환수법'이 제정되었다. KTX, 영종도 신공항, 서해안개발사업 등 큼직한 토목사업이 노태우정부 때 이루어졌다.

1989년 12월 30일 '주택임대차 보호법'도 개정되어 임대차의무 기간이 1년에서 2년으로 늘었다. 그러면서 부작용으로 주택가격이 폭등하게 되었다. 그러나 1기신도시가 입주되어 실질적으로 공급이 증가했고, 양도세 강화와 분양권 전매금지 등 규제정책으로 인해 주택시장은 안정기를 맞이했다. 이 사실을 볼 때 집값결정의 최대변수는 큰 틀에서 '수요와 공급'에 의해 좌우됨을 알 수 있다.

김영삼정부(1993. 2 ~ 1998. 2)

김영삼정부 때 아파트가격 변동률은 전국 기준 3%대이고, 서울은 2%대였다. 역대 정부 중에서 주택가격이 가장 안정된 시기다. 이는 김영삼정부가 잘한 것이 아니다. 노태우정부 때 200만호 건설 후 1988년부터 1991년까지 214만 가구를 공급했다. 1987년 총 주택 재고 물량이 645만 가구인데, 그 33%를 3년 만에 공급했기 때문이다.

김영삼정부는 전 정부의 무리한 1기신도시 건설로 부실시공 논란이 일어나자 신도시 개발보다는 비도시지역 준농림지 개발을 장려했다.

그 후유증은 두고두고 문제가 되었다. 시골지역이나 논이나 밭 한 가운데나 산 중턱에 고층 아파트가 생뚱맞게 서 있다면 십중팔구는 이 시기에 건설된 것이다. 용인 수지지역 난개발을 초래했다. 교통 인프라가 체계적으로 갖춰지지 못하고 무분별하게 개발되었다.

김영삼정부가 가장 잘 한 것도 있다. 1993년 금융실명제와 1995년 부동산실명제를 시행해 거래의 투명성을 확보했다.

김대중정부(1998. 2 ~ 2002. 2)

김대중정부는 김영삼정부 말에 터진 IMF 외환위기로 부동산가격이 큰 폭으로 추락하면서 시작했다. 무엇보다 경기 진작에 힘을 써야 했다. 그래서 가장 부동산규제를 많이 푼 정부가 되었다. 당시 시중 금리가 20%대가 넘었다. 현금이 최고였다. 부동산가격이 30% 이상 급락하면서 양도세 한시 면제, 취득세 및 등록세 감면, 토지거래허 가제 폐지, 분양권 전매 허용 등 온갖 부양책을 다 쏟아냈다.

'외국인 토지법'을 마련해 외국인 토지취득을 내국인 수준으로 완화해주었다. 이때 발 빠른 외국인이 국내 실속있는 부동산을 헐 값에 사서 나중에 양도세를 한 푼도 내지 않고 도망가는 일이 발생 했다. 외국 자본가들의 놀음에 우리 국부가 유출되는 안타까운 일 이 발생한 것이다.

김영삼정부 때 문제가 많았던 준농림제도를 폐지했다. 하지만 그 린벨트가 가장 많이 해제되었다. 2000년 이후에는 서서히 부동산시장이 살아났다. 2001년에는 그동안 공급부족과 살아나는 부동산 수요가 겹쳐서 폭등현상이 일어났다. 이때 사회적으로는 비정규직이 양산되고 부동산도 양극화현상이 나타났다. 강남과 비강남이 차별화되기 시작했다.

노무현정부(2003. 2 ～ 2008. 2)

노무현정부는 김대중정부 때 규제완화로 과열된 부동산경기를 진화해야 하는 과제를 안고 출발했다. 부동산투기와의 전쟁을 선포하면서 강력한 투기억제 정책을 시행했다. 다른 정권에서는 규제와 부양을 반복했는데 노무현정부는 규제강화만 했던 기억만 남는다. 그만큼 규제책이 많이 나왔다.

국토균형발전을 위해 지방 혁신도시를 건설해 행정수도와 175개의 공공기관을 이전하는 작업을 했다. 수도권 기능 분산과 지방의 균형발전이라는 목표는 좋았지만 천문학적인 토지보상금이 풀리면서 전국적으로 토지투기 바람을 확산시키는 부작용을 초래했다.

한편 주택부문에서도 서울과 지방의 양극화가 더욱 심화되었다. 규제책을 보면 종합부동산세 도입과 2주택, 3주택 양도세 중과정책을 폈다. 재개발 재건축 초과이익환수제도 실시했다.

이명박정부(2008. 2 ～ 2013. 2)

이명박정부는 노무현정부 때의 과도한 규제를 완화하면서 서민주거용 주택공급을 추진했다. 2008년 취임 후 먼저 6·11부동산대책으로 지방 미분양 문제해결책을 제시했다. LTV 완화, 취득세와 등록세 감면, 양도세 면제, 일시적 2주택 2년 연장 등을 시행했다. 때마침 미국발 금융위기가 불어닥쳐서 우리 부동산시장도 큰 충격을 받았다. 하지만 미국, 유럽에 비해선 그 충격이 덜했다.

이로 인해 더 적극적으로 규제완화와 공급확대 정책을 펴게 된다. 강남3구 주택 투기지역 및 투기과열 지구 해제, 토지투기지역 해제, 양도세 비과세 거주 요건 폐지, 재건축 소형평형 의무비율 완화, 민간택지 분양가 상한제 폐지 등이 시행되었다. 그 후 다주택자 양도세 중과도 폐지했다.

또한 전세자금 대출을 확대하면서 결국 전세금 인상을 촉진하는 결과를 낳았다. 이로 인해 가계부채 급증의 단초도 제공했다. 이명박정부 때 1~2인 가구의 주거난 해결을 위해 도입된 도시형생활주택은 현재 주차난을 불러일으키는 건물로 비난받고 있다. 이 외에 4대강사업 등 대규모 토목사업도 진행했다.

박근혜정부(2013. 2 ~ 2017. 3)

박근혜정부는 주택시장 거래활성화를 위해 규제완화를 실시했다. 하지만 내수경기가 침체되어 주택경기가 기대만큼 활성화되지 못했다. 이에 최경환 경제부총리가 2기 경제팀을 맡으면서 LTV 및 DTI를 70%로 일괄 적용하면서 금융규제를 대폭 풀었다. 재건축 초과이익 환수제도도 3년 유예를 했다. 재건축 허용 연한도 40년에서 30년으로 단축했다.

　그러자 '빚내서 집 사라'라는 말까지 나오게 되었다. 시장은 회복되었지만 가계부채가 급격히 늘어나는 부작용이 발생했다. 또한 대규모 택지개발을 중단하면서 공급억제 정책을 내놓았다. 박근혜정부 말에는 부동산시장은 과열 쪽으로 방향이 틀어져 있었기에 문재인정부는 출범 초기부터 규제를 해야 하는 숙명을 안고 탄생하게 된다.

부동산정책을 대하는
부동산투자자의 자세

위에서 살펴본 바와 같이 한 정부에서 규제만 하지 않았다. 시장의 반응을 보면서 규제와 완화, 부양을 반복하는 것을 알 수 있다. 각 정부마다 정권초기에는 그 시대상황에서 가장 문제가 되고 있는 현상을 치료하는 정책이 나온다.

　앞서 말했듯이 어느 정부건 정책의 기본 방향은 '서민주거 안정'이다. 그리고 부동산정책은 그 파급효과가 경제전반에 미치는 효과가 크다. 부동산에 관심을 가지고 투자하는 사람들은 장·단기로 나누어 정책에 순응하는 투자자세가 필요하다.

먼저 단기적으로는 시장이 과열되면 정부에서는 반드시 대응책이 나온다는 것을 알고 출구전략을 세워야 한다. 그렇지 않으면 정부의 규제정책으로 말미암아 그 정책이 바뀔 때까지 오랜 기다림이 있어야 한다. 그 기간을 감내할 자금력이 있는 자만이 살아남을 수 있다.

장기적으로는 정부정책에 일희일비하지 않는 가치투자자의 길을 걷는 것이다. 내가 강조하는 것은 투자 부동산에서 '돈'이 나오게 하는 시스템을 갖추라는 것이다. 나는 '매월 돈이 나오지 않는 부동산은 보유하지 않는다'는 원칙을 고수하고 있다. 돈 나오는 부동산은 정책이 어떻게 바뀌든 흔들림 없이 내 주머니를 채워준다.

투자 포인트

부동산투자자는 정책에 맞서지 말아야 한다. 부동산정책을 분석하고 대응하는 자세가 필요하다. 부동산 고수는 정책과 관계없이 가치투자에 집중한다.

문재인시대의 부동산정책,
그 핵심을 이해해야 한다

문재인정부는 태생적으로 강력한 규제의 칼을 빼들 수밖에 없는 운명이다.
이럴 때일수록 부동산 본래의 가치를 잘 파악하는 투자자세가 필요하다.

문재인정부의 부동산정책을 이해하기 위해서는 이명박정부로 거슬
러 올라가 분석을 할 필요가 있다. 이명박정부 때는 전임 노무현정
부 때 발표한 수차례 규제정책의 효과와 2008년 미국발 금융위기로
부동산경기가 바닥을 향해 가고 있었다.

침체된 부동산경기를 살리기 위해 노무현정부는 규제책을 하나
씩 풀기 시작했다. 그러나 너무 자주 그리고 조금씩 규제책을 풀어
시장의 반응은 미온적이었다. 외환위기 후 거의 10년간 공급이 적
었던 대구를 비롯해 부산 등 지방 일부 지역만 부동산가격이 올랐
다. 서울을 비롯한 수도권은 2012년 바닥을 쳤다.

박근혜정부는 처음에 주택시장 거래 정상화를 위한 규제완화와 공급억제 정책을 펼쳤다. 그러나 내수 경기 침체로 경제성장률이 저조하자 최경환 장관을 중심으로 이른바 초이노믹스라 불리는 부동산 부양책을 실시한다. LTV 및 DTI를 70%로 일괄적용하게 했다. 금융규제를 확 풀면서 정부의 기대와는 달리 주택가격은 서울 수도권 위주로 급등하게 되었고, 가계부채는 급증했다. 급기야 임기 말에는 규제 강화정책으로 전환했다.

2016년 말 박근혜 전대통령의 탄핵과 함께 혼란스런 정국이 2017년 5월 9일 문재인정부의 탄생으로 안정을 찾았다. 문재인정부는 박근혜정부 말기에 가열된 부동산경기를 잡기 위해 각종 규제책을 내놓는 시점에 정권을 이어받았다. 그래서 문재인정부는 태생적으로 강력한 규제의 칼을 뺄 수밖에 없는 운명이었다.

문재인정부의 부동산정책,
이렇게 진행되고 있다

문재인정부는 이명박정부의 4대강사업 같은 대규모 토목사업은 시행하지 않고 행정수도 이전과 혁신도시, 기업도시를 활성화하고 서울 및 대도시는 도시재생사업을 활성화시켜 전국을 골고루 균형발전시키는 정책을 추진할 계획이다.

혁신도시를 중심으로 14개 시도별 국가혁신 클러스터를 선정하고 지역산업을 발전시켜 신지역 성장 거점을 구축하려 한다. 각 지역마다 공약을 세웠다. 세종시는 명실상부한 행정중심 복합도시로 육성하려 한다. 이를 위해 서울-세종 간 고속도로 중 세종-안성 구간을 조기 착공할 계획이다.

주택과 관련해서는 도시재생 뉴딜사업이 가장 핵심적이다. 매년 10조 원씩 5년간 50조 원의 공적 재원을 투입해 매년 100개의 동네씩 총 500개 구도심 및 노후 주거지를 개선하는 도시재생 뉴딜사업을 시행한다.

'돈이 들어가면 가치는 상승한다'는 말은 진리다. 도심에서 도시재생사업이 추진되는 곳은 환경이 개선되어 부동산가격이 급등할 것으로 보인다. 그래서 8·2부동산대책에서 이를 염려해서 투지과열지구내 도시재생사업은 일시 보류하기로 했다.

하지만 시작부터 암초에 걸린 느낌이 든다. 이명박정부 때 20조 원 이상 투입된 4대강사업보다 2배 이상 큰 돈이 투입되는 사업이다. 연간 10조 원씩 5년간 투입된다고 하니 그에 따른 부작용도 만만치 않을 것이다.

또 하나 중요한 정책이 임대주택 공급정책이다. 공약집을 보면 공적 임대주택을 매년 17만 가구씩 5년 동안 총 85만 가구를 공급한다. 매년 공급되는 17만 가구 중 13만 가구는 공공기관이 직접 공급 관리하는 장기임대주택이다. 나머지 4만 가구는 민간이 소유하는 형태다.

공공기관이 토지 장기임대, 주택 도시기금과 리모델링 비용을 지원하는 대신 임대료 인상을 억제하고 임대기간을 장기화하는 공공지원 임대주택이다. 공공임대주택 13만 가구 중 4만 가구는 신혼부부에게 우선 공급할 예정이다. 신혼부부에게 우대금리 대출을 확대하고, 저소득층 신혼부부에게는 2년간 월 10만 원의 신혼부부 주거안정 지원금을 지원할 예정이다.

청년 임대주택 30만 가구 공급계획도 있다. 대도시 역세권 인근의 시세보다 저렴한 청년임대주택을 20만 가구 확보하고, 대학교 기숙사 입주인원도 5만 가구 가량 늘릴 계획이다. 또한 월 30만 원 이하의 쉐어하우스 형태의 청년임대주택도 5만 가구 가량 공급할 예정이다.

한편으로는 늘어나는 가계부채와 과열된 부동산시장을 진정시키기 위해 대출규제 정책을 시행했다. 8·2부동산대책에서 투기과열지구와 투기지역에 LTV, DTI 비율 40%를 적용한다. 주택담보대출 1건 이상 보유한 세대에 속한 자는 추가로 주택담보대출을 받는다면 LTV, DTI 비율이 10%포인트 강화된 30%가 적용된다. 실수요자를 위해서는 10% 완화된 50%가 적용되고, 이주비 중도금대출에는 DTI적용을 하지 않는다.

8·2부동산대책에서는 다주택자들에게는 양도세 중과제도를 시행하려 한다. 2018년 4월 이후부터 2주택자는 10%포인트, 3주택자

는 20%포인트 양도소득세 가산금리를 적용할 예정이다. 1가구 1주택자가 양도소득세 면제조건도 조정대상 지역에서는 2년 보유 요건에서 2년 거주 요건이 추가되었다.

시간이 지남에 따라 계속해서 부동산시장의 반응에 대응하는 대책이 나올 것이다. 이럴 때일수록 분위기에 휩쓸리기보다는 투자대상 부동산 본래의 가치를 잘 파악해서 자신의 자금 사정에 맞는 꾸준한 투자자세가 필요하다.

투자 포인트

문재인시대에도 정부에서 장려하는 부동산정책은 있다. 도시재생과 임대주택 활성화에 부응하는 투자 자세를 갖자.

똘똘한 집 한 채에 집중해야 한다

지금은 저성장 고령화 사회이기에 자산에서 수익이 발생하게 해야 한다.
그런 관점에서 보면 자신이 살면서 임대수익을 누리는 부동산이 더 좋다.

문재인정부에서는 다주택자들은 임대사업자를 내서 임대업을 하든지, 2018년 3월까지 매도하라고 주문한다. 정부가 재정이 넉넉해서 임대주택을 장기로 저렴하게 서민들에게 임대해주면 금상첨화나. 하지만 현실은 불가능에 가깝다. 그러면 건설경기도 살리고 안정적으로 임대주택을 공급하는 방법은 민간에 의존하는 방법밖에 없다. 정부가 못하는 임대사업을 다주택자들이 하게 하는 수밖에 없다.

이를 알고 있는 문재인정부에서도 공공이 지원하는 대신 임대료를 저렴하게 받게 하고 있다. 이른바 '공공지원 임대주택'이다. 다주택자를 부동산투기자로 몰아세워 범법자 취급하고 사회적으로 매장시키려는 여론을 조성하는 것은 바람직하지 않다.

어떻게든 다주택자들을 제도권으로 유도해 정부는 '서민들 주거 안정'이란 정책목표를 달성하는 데 협력하게 해야 한다. 현실적인 당근책을 마련해 임대사업자 등록을 하도록 하고 임대주택공급자로서 대우를 해주는 게 좋다. 혜택을 주는 대신 임대료 인상 상한선을 두고 장기간 임대하도록 유도하는 게 바람직하다.

정책에 순응하는
부동산은 따로 있다

8·2부동산대책을 보면 문재인정부는 다주택자에 대한 시선이 곱지 않다. 그러면 투자자는 정책에 순응해 투자 방향을 정해야 한다.

앞으로는 3가지 종류의 물건에 집중해야 한다. 하나는 보유하면서 임대소득이 금리 이상으로 나오는 물건이다. 다른 하나는 향후 개발 호재로 인해 자산가치 상승이 확실시되는 물건이다. 마지막으로 적정 임대료와 자산가치 상승을 모두 기대할 수 있는 물건이다.

첫 번째로 임대소득이 금리 및 인플레이션율 이상으로 나오는 물건은 오래 보유할 수 있다. 다주택자에게 양도소득세 중과를 해도 팔지 않고 버틸 수 있다. 이런 종류의 부동산은 상가든 오피스텔이든 많을수록 좋다.

두 번째로 자산가치가 오를 부동산은 오랜 시간 동안 자산을 보유하는 데 따른 각종 비용을 감당할 여력이 있어야 한다. 주거환경이 양호하고 향후 지가상승이 기대되는 서울 강남지역이나 대도시 핵심지역의 부동산들이다.

세 번째로 임대수익과 자산가치 상승을 함께 보는 것으로는 다가구주택이나 상가주택이 있다. 이런 부동산은 자신이 거주하면서 임대료도 받을 수 있다. 그러면서 주변 지역이 개발되면 자연히 지가상승의 혜택도 누릴 수 있다.

나는 최근 아파트에 거주하면서 향후 노후를 걱정하는 사람들을 대상으로 자산 리모델링 상담을 하고 있다. 이런 분들에게 여러 곳에 분산투자하기보다는 한 곳에 모아서 수익이 나는 똘똘한 부동산에 집중투자하기를 권한다. 그래서 관심을 가질 부동산 중에서 임대수익과 자산가치 상승을 함께 누리는 부동산에 투자하라고 한다.

지금은 저성장 고령화 사회다. 이때는 자신의 노동력을 팔지 않아도 자산에서 수익이 발생하게 해야 한다. 그런 관점에서 보면 자신이 살면서 임대수익을 누리는 부동산이 더 좋다.

이런 부동산은 시간이 지남에 따라 수요자가 점점 늘어나서 금리와 인플레이션율을 초과한 가격상승이 예상된다. 최근 이런 주택을 지을 수 있는 '점포겸용 단독 주택지' 값이 인기를 끌고 있는 것이 그 증거다. 또한 도심에서 그런 주택을 신축할 수 있는 오래된 단독주택도 갈수록 인기를 끌고 있다.

똘똘한 집 한 채에
집중해야 하는 4가지 이유

똘똘한 집 한 채에 집중하려는 현상은 최근 신문보도에서도 확인되고 있다. 〈매일경제신문(2017년 12월 2일)〉에 '강남 견제정책, 강남 집값 더 올려'란 제목의 기사가 실렸다. 기사를 보면 정부가 강남 집값을 잡겠다면서 8·2부동산대책을 포함해서 수차례 대책을 발표했지만 오히려 강남집값을 끌어올리는 부작용을 낳았다고 했다. 그 이유로 4가지를 들었는데 모두 공감이 가는 분석이다.

첫째, 재건축아파트 조합원 지위양도금지는 강남권 아파트 공급을 막는 결과를 초래했다.

부동산114에 따르면 2017년 말 현재 서울에서 재건축 사업이 진행 중인 아파트는 총 7만 6,636가구인데 그 중 강남3구 소재 아파트가 7만 2,016가구로 전체의 94%에 달한다. 강남에서는 재건축을 통한 신규공급 외에는 공급원이 없다시피 한다.

둘째, 다주택자 양도세 중과제도 등 규제책은 여타지역의 물건을 팔고 똘똘한 집 한 채에서 살기 위해 강남부동산 선호현상을 부추기게 되었다.

앞 기사에서는 마포구와 강서구에 아파트와 오피스텔 6채를 갖고 있는 B씨(46세) 사례를 들었다. 그는 다주택자를 규제하는 정부정책이 발표된 후 하나둘씩 처분에 나서고 있다. 대신 강남구나 서초구, 송파구 일대에 있는 입주 2~3년 된 아파트를 알아보고 있다. "찔끔찔끔 임대수익을 받다가 세금을 두들겨 맞으니 좋은 아파트로 시세 차익을 노리는 게 낫다는 생각이 들었다"며 "강남 집값이 계속 오르고 있어 애가 탄다"고 말했다.

셋째, 서울시의 강남 재건축시 35층으로 층고를 규제하는 정책이 강남에 아파트 공급을 위축시켰다.

서울시의 35층 규제를 강남구, 서초구, 송파구의 상당수 재건축 아파트들이 수용했지만 일부는 버티기에 들어간 단지들도 적지 않다. 이들이 버티기에 들어가면서 강남 아파트 공급이 줄게 된다. 그 대표적인 곳이 압구정 아파트지구다. 업계에서는 이들 아파트 재건축이 실현되면 이 지역 가구 수가 최소 50% 이상 증가될 것으로 보고 있다.

넷째, '고교 평준화'를 하겠다는 정부의 교육방침도 강남 쏠림 현상을 오히려 가속화시킨다.

문재인정부의 자사고 특목고 폐지정책은 사교육 일번지인 강남의 가치를 더욱 높이는 부작용을 초래한다. 자사고와 특목고의 상당수가 강북에 위치한다. 종전에 강북에 거주하는 학부모는 아이들을 특목고나 자사고에 보내면 되기 때문에 굳이 강남으로 가지 않아도 되었다. 그런데 특목고와 자사고가 없어지면 면학 분위기나 교육환경이 좋은 강남으로 가려는 수요가 많아지게 된다.

서울시 교육청이 2018년부터 특목고와 자사고, 일반고의 입시전

형을 지금처럼 순차지원 방식이 아니라 동시지원 방식으로 바꾼다고 발표했다. 동시지원 방식이 적용되면 특목고나 자사고 전형에서 탈락했을 때 자녀가 전혀 원하지 않는 학교로 배정될 가능성이 높아진다. 그럴 바에야 강북 특목고와 자사고를 포기하고 강남으로 이사를 가는 편이 낫다고 생각한다.

많은 학부모는 강남 8학군에 거주하면서 강남지역 일반고에 1, 2, 3지망을 몰아서 지원한다는 입시전략을 택한다. 잠실지역 아파트 매수자의 70%가 초·중등생 자녀를 둔 30~40대 실수요자라고 한다.

다섯째, 용산국가공원 주변 건물에 대한 엄격한 층고 제한 적용도 강남 대체재로써 용산에 대한 기대를 반감해서 강남 쏠림현상을 더욱 심화시킨다. 이런 현상은 서울은 강남구, 서초구, 송파구 등 핵심지역으로 쏠리고 지방에서도 같은 현상이 나타날 것이다. 부산은 해운대구, 대구는 수성구 등의 식으로 소위 제일 잘 나가는 동네와 그렇지 않은 곳이 차별화가 심화된다. 특히 서울 강남지역은 전국적으로 부자들의 투자대상 선호 지역이 될 것이다.

투자 포인트

다주택자 중과정책의 시행으로 돈 안 되는 집을 정리해 똘똘한 한 채에 집중하자. 똘똘한 한 채는 다가구주택이다.

돈 나오는 부동산은
바람에 흔들리지 않는다

다세대주택을 통째로 매입해 임대사업자로 등록해서 보유하는 것이
최고의 투자전략이라고 주장한다.

'조물주 위에 건물주'라는 말이 있다. 젊은이들은 취업하기가 하늘
에 별 따기다. 어렵게 취업하지만 정년까지 고용이 보장된 것도 아
니다. 그러다보니 특별한 직업이 없어도 매월 수입이 발생되는 '건
물주'는 남녀노소를 불문하고 선망의 대상이다.

초등학생들을 대상으로 장래희망을 조사하면 '건물주'가 되겠다
는 아이들이 있다고 한다. 아주 현실적인 희망사항이기도 하다. 한
편으로는 부동산에 쏠린 기성세대의 지나친 관심이 꿈을 꾸며 살아
가는 어린이들에게 좋지 않은 영향을 끼친 결과로 보인다.

조물주 위에 건물주,
내 건물의 주인이 되자

학교를 졸업하고 직장을 가지고 가정을 꾸린 가장이면 누구나 보금
자리 마련을 꿈꾼다. 자식이 태어나고 학교를 보낼 때는 교육환경
을 중요시한다. 그러다가 자녀들이 고등학교를 졸업하면 학군에 대
한 구속에서 자유로워진다.

그때부터는 직장 퇴직 후 삶에 대해 걱정을 하게 된다. 자신이 가
지고 있는 자산을 점검하고 미래에 대한 준비가 필요한 때다. 그때
까지 열심히 살았다면 자신이 거주하고 있는 집 한 채 정도는 소유
하고 있을 것이다.

자신이 가진 집의 종류에 따라서 자신이 거주하면서 월세도 받는
사람도 있다. 그러나 대부분은 아파트나 빌라 한 채 정도 가지고 있
다. 이런 집은 구조상 자신이 거주하고 타인에게 임대할 수 없다. 이
런 집은 은퇴한 사람들에게는 보유하고 관리하는 게 오히려 짐이
된다.

현재 지역건강보험 체계상 은퇴해서 수입이 없지만 국민건강보
험료가 부과된다. 때마다 재산세도 나온다. 언론에서도 심심치 않게
정부에서 '보유세' 도입을 고려한다고 한다. 2013년 통계청 조사 자
료에 따르면, 우리나라 노인들이 겪는 가장 어려운 문제로 경제적
인 어려움(41.8%)과 건강(39%)이 꼽혔다.

우리나라 60대 이상 가구는 자산의 79%가 부동산이다. 결국 수입이 없는 은퇴가구는 자신이 살고 있는 집을 처분해서 생활비에 충당해야 한다. 다행히 처분하지 않고 고민을 해결할 수 있는 '주택연금 제도'가 있다. '역 모기지론'이라고도 한다.

주택연금은 주택소유자 또는 배우자가 만60세 이상이면 가입할 수 있다. 부부기준 1주택만을 소유할 때 가입할 수 있다. 상속, 이사 등으로 인한 2주택자는 3년 내 처분하는 조건으로 가입할 수 있다. 시가 9억 원 이하의 주택 및 지방자치단체에 신고된 노인복지주택만 가입할 수 있다.

주택연금 제도는 쉽게 말해 자기 자산을 담보 잡혀서 생활비를 빼 쓰는 것이다. 다 못 빼 쓰고 남은 돈은 자식에게 상속된다. 그러나 만약 자신의 자산에서 매월 수익이 나온다면 이런 제도에 의지할 필요가 있을까?

이 책을 읽는 독자들은 무조건 매월 수익이 나오는 부동산을 취득하는 것을 목표로 해야 한다. 이런 부동산으로는 다가구주택, 싱가주택, 상가, 오피스텔 등이 있다. 상가나 오피스텔보다는 다가구주택이나 상가주택에 더 관심을 가지길 권한다. 자신이 거주하면서 돈이 나오는 집이면 더욱 좋다.

나한테 상담을 받고 수익이 나오는 집을 가진 사람은 요즘 상대적으로 기분이 좋다고 한다. 다주택자에 대한 양도세 중과를 한다고 해도 해당사항이 없다. 자신이 거주하면서 임대하는 여러 가구가 한 채의 집으로 구성된 다가구주택을 소유한 자는 단독주택을 가지고 있어 다주택자가 아니기 때문이다.

보유세를 도입한다고 해도 별다른 걱정이 없다. 다른 사람들과 같이 보유세는 임대료 책정시 원가로 인식해 세입자에게 전가할 수 있다. 설사 세입자에게 전가가 안 되어도 임대가구에서 나오는 임대료로 보유세를 충당할 수 있다. 다만 수익이 좀 줄어들 뿐이다. 그러니 어떠한 외풍이 불어도 크게 신경 쓸 게 없다. 건강만 챙기면 된다.

어떤 부동산에
투자해야 할까?

이처럼 건물주가 되면 좋다는 것은 다 아는 사실이다. 그러면 건물 중에서 어떤 종류의 건물주가 되는 게 보다 현명할까? 유행이 바뀌듯이 부동산투자의 흐름도 바뀐다. 그 내면을 보면 정부의 정책에 따라 선호도가 많이 변한다.

정부정책 중에서 수익률과 직결되는 것은 바로 세금규제다. 2017년 8·2부동산대책에서 다주택자에 대한 규제책이 이제 실행단계에 접어들었다. 다주택자 중과제도가 2018년 4월 1일자로 시행된 것이다. 2018년 4월 9일 대통령직속 정책기획위원회 산하 재정

개혁특별위원회가 본격적으로 출범해서 보유세 도입을 위한 구체적 연구를 시작했다. 2018년 9월쯤 결과 발표를 한다고 한다. 다주택자뿐 아니라 소위 '똘똘한 1채'를 가진 고가주택 소유 1가구 1주택자에 대해서도 과세하겠다는 의지를 보이고 있다.

이런 정책적 배경 속에서 정책의 지원을 받는 주택이 있다. 소형주택을 구입해서 장기일반 민간임대(구 준공공임대)사업자로 등록하면 많은 세제 혜택을 준다. 이 점을 적극 활용해야 한다. 시대별로 가장 효과적인 투자처는 바뀐다. 지금의 상황에서는 최선의 효과적 투자처라고 할 수 있다.

최근 컨설팅한 사례를 가지고 어떤 부동산에 투자해야 좋을지 함께 고민해보자. 나는 다세대주택을 통매로 구입하는 것을 추천하고 부동산 사장은 오피스빌딩을 추천한 사례다. 향후 수익률에서 어떤 차이가 나는지 구체적으로 살펴보자.

단, 두 물건을 비교하다 보면 여러 가지 한계가 있다. 첫째, 동일 지역이라도 위치가 한 집 건너에 따라 시세가 다르기 때문이다. 둘째, 두 물건의 수익률이 똑같을 수 없기 때문이다. 셋째, 같은 가격이라도 대지 너비가 다를 수 있기 때문이다.

여기에서는 이 3가지 사항이 동일하다고 가정한다면 결국 취득 시 부담하는 취득세와 보유하면서 부담하게 될 재산세와 종합부동산세 마지막으로 매매했을 때 양도소득세에 따라 수익률이 차이가 난다. 문재인정부에 들어와서 2017년 8·2부동산대책이 발표된 후에는 부동산투자에서 세금 문제가 그 어느 때보다 크게 좌우하게 되었다.

지금의 부동산경기사항을 고려한다면 다세대주택을 통째로 매입해 임대사업자로 등록해서 보유하는 것이 최고의 투자전략이라고 주장한다. 그러면 각 단계별로 이유를 살펴보자.

먼저, 취득단계에서 $60m^2$ 이하면 취득세가 면제다. 다세대주택은 보통 한 필지의 대지 위에 6세대 이상 구성되어 있다. 모든 세대가 $60m^2$ 이하인 소형주택이면 취득세가 공짜다.

보유단계에서 재산세는 $60m^2$ 이하면 50% 감면이다. 만약 장기 일반 민간임대주택으로 등록하면 75% 감면된다. $40m^2$ 이하는 아예 감면이다. 또한 종합부동산세에서 자유롭다. 수도권 6억 원 이하, 지방은 3억 원 이하면 다른 부동산과 합산배제 혜택이 있다.

양도단계에서 $85m^2$ 이하면 8년 이상 장기 임대를 할 시에 장기보유특별공제를 무려 70%나 해준다. 2018년 12월 31일까지 취득해서 10년 이상 장기일반 민간임대주택으로 등록해 임대하면 100% 양도소득세를 감면해준다. 농어촌 특별세 20%만 납부하면 된다.

정부에서는 자신이 해야 할 일을 대신하는 장기일반 민간임대주택사업자에게 세금 혜택으로 유인하고 있다. 아직 초기단계라서 호응이 그다지 크지 않다. 하지만 지금까지 이만큼 많은 혜택을 준 사례는 없다.

과거 부동산경기를 활성화시키고자 시행한 조세특례제한법 적용을 받는 주택이 시간이 흘러 양도세 비과세의 혜택을 보는 것이 크다고 볼 수 있다. 세월이 지나면 분명히 지금의 세금 혜택을 누리는 투자를 하지 않으면 후회로 남을 것 같다.

투자 포인트

돈 나오는 부동산은 어떤 정부정책에도 대응하기 쉽다. 자신의 수익에 조금 변화가 있을 뿐 수익이 끊임없이 창출된다.

1가구 2주택 이상이면
장기임대사업자가 되자

정부에서 장려하는 임대사업자가 되어야 한다.
단기보다는 준공공임대사업자에게 혜택이 더 많다.

정부가 8·2부동산대책을 발표하면서 앞으로 다주택자에게 양도세 중과세를 부과하니까 임대사업자가 되든지, 매매하든지 택일하라고 했다. 부동산에 관심이 있는 독자들은 지금까지와 마찬가지로 가치 있는 부동산을 늘려나가야 한다.

8·2부동산대책 발표 후 부동산으로 돈 버는 시대는 끝났다고들 말했다. 그러나 부동산은 그리 쉽게 판단해버릴 수 있는 간단한 재화가 아니다. 그 당시 시대상황과 국내의 경제여건 등 수많은 고려요소들이 복잡하게 반영되어 가격이 결정된다.

어떤 상황에서도 오르는 주식이 있듯이 부동산도 마찬가지다. 항상 주변을 잘 살펴보면 흙 속의 진주 같은 보석을 발견할 수 있다. 다른 사람들이 보지 못한 것을 보는 사람이 있다. 이 책을 읽는 독자들은 부동산에 관심이 있는 사람들이다. 항상 매의 눈으로 좋은 물건을 골라서 내 것으로 만들어야 한다. 그 개수가 2개 이상 늘어나면 정부정책에 부응해야 한다.

임대사업자가 되어야 한다. 이왕 임대사업자가 되려고 한다면 전략적으로 움직여야 한다. 정부에서 장려하는 임대사업자가 되어야 한다. 지금까지는 소형주택을 구입해서 임대사업을 하는 게 유리하다. 단기보다는 준공공임대사업자에게 혜택이 더 많다.

각자 여건에 맞게 택해야 한다. 그러면 왜 소형주택이고 장기 준공공임대사업자가 유리한지 살펴보자.

먼저 임대사업자에 대해서 공부해보자. 임대사업자는 임대사업을 하는 주체가 '기업형'으로 하는가 아니면 '개인형'으로 하는가로 나눌 수 있다. 기업형 임대사업자는 건설 300호 혹은 매입 100호 이상을 하는 곳을 말한다. 규모면에서 일반 개인들이 쉽게 접근할 수 있는 게 아니다. 일반 개인들은 보통 일반형 임대사업자가 된다.

일반형 임대사업자도 기간별로 두 부류로 나뉜다. 하나는 단기 민간 임대주택사업자이고 다른 하나는 장기일반 민간 임대주택사업자이다. 단기는 임대기간이 4년 이상이고, 후자인 준공공임대는 8년 이상을 말한다. 임대 기간 중 매년 5% 이상 임대료 인상을 못한다. 만약 임대 의무기간을 위반하고 임대사업을 중단하든지 양도하면 과태료 1천만 원을 부과한다.

그러면 단기임대주택사업자와 장기일반 민간임대주택사업자의 세금 혜택에 대해서 알아보자.

일반형 임대사업자 구분			
구 분	대 상	면적기준 및 가액기준	의무임대기간 및 임대료 인상률 제한
단기 민간임대사업자	건설형 1호 혹은 매입형 1호 이상	없음 (2015년 8월 26일 폐지된 '임대주택법'에서는 국민주택규모로 제한이 있었으나 2016년부터 시행된 '민간임대주택에 관한 특별법'에서는 면적 및 가액이 폐지됨)	4년/ 연 5% 이내
장기일반 민간임대사업 (준공공임대사업자)	건설형 1호 혹은 매입형 1호 이상		8년/ 연 5% 이내

2015년 8월 26일에 기존 '임대주택법'이 폐지되고 '민간임대주택에 관한 특별법'이 제정되면서 임대주택등록을 함에 있어서 주택수 제한과 면적기준이나 가액기준을 폐지해서 등록이 쉽도록 했다. 또한 장기일반 임대주택의 의무 임대기간도 10년에서 8년으로 단축했다. 다만 세부적인 세제 혜택에서는 소형 평형일수록 세제 혜택을 많이 준다.

취득단계의 세금,
확실히 알아두자

구분	대상	세금 혜택	위반시 조치
취득세	건축주로부터 공동주택이나 오피스텔을 신규분양 받은 주택만 해당	전용 60m² 이하 면제	단기임대는 4년, 준공공임대는 8년 의무기간 위반시 감면세 추징

　취득세 부분에서 제일 핵심은 최초 신규분양으로 취득한 주택을 4년 단기임대 내지 8년 준공공임대로 등록해야 혜택을 볼 수 있다는 점이다. 이 제도는 2018년 말까지 적용될 예정이었으나 2017년 12월 13일 '임대주택 활성화방안' 발표로 2021년 말까지 3년 연장되었다.

　전용면적 60m² 이하인 경우는 100% 감면된다. 하지만 취득가액에서 취득세율을 곱해서 취득세가 200만 원 초과시는 15%를 최소 납부해야 한다. 60m² 초과, 85m² 이하의 경우는 순상공임대로 20호 이상 취득시 50% 감면된다. 단독주택은 공동주택이 아니라 취득세 감면 혜택이 없다.

보유단계의 세금,
확실히 알아두자

구분	대상	세금 혜택		위반시 조치
재산세	1호 (40m² 이하, 8년 임대경우) 2호 이상 주택임대 등록	단기 민간임대	전용 60m² 이하는 50% 감면	4년 임대 불이행시 감면세 추징
			60~85m²는 25% 감면	
		장기일반 민간임대 (구 준공공임대)	전용 40m² 이하는 100% 면제	8년 임대 불이행시 감면세 추징
			전용 40~60m²는 75% 면제	
			전용 60~85m²는 50% 면제	

재산세는 면적별로 소형일수록 혜택이 많고 장기일반 민간임대주택에 더 혜택을 준다.

한편 단독주택인 다가구주택은 재산세에서도 감면이 없었으나 2017년 12월 13일 발표된 대책으로 감면되는 경우가 있다. 서민들이 주로 거주하는 다가구주택 중 주인거주세대를 제외하고 모든 가구가 40m² 이하인 경우는 8년 장기일반 민간임대하면 재산세 감면 혜택을 부여한다.

재산세 감면 혜택도 취득세와 마찬가지로 2018년 말에서 2021년 말까지 3년 더 적용된다. 2호 이상 임대등록해야 재산세 감면 혜택이 있었으나 2017년 12월 13일 대책으로 8년 이상 장기일반 민간임대 등록하는 40m² 이하 소형주택에 한해 1호만 임대하는 경우에도 재산세 감면 혜택을 부여한다. 이는 2019년 시행된다.

구분	대 상	세금 혜택		위반시 조치
종합부동산세	주택공시가격 수도권 6억 원 이하 (비수도권 3억 원 이하) 주택 8년 이상 임대하고 매년 9월 16~30일에 합산배제 신청한 주택	합산배제		8년 이상 임대 위반시 감면세 추징
종합소득세 (임대소득세)	전용면적 85m² 이하이고 공시가격 6억 원 이하 1호 이상 임대등록	단기 민간임대	30% 감면	4년 이상 임대 위반시 감면세 추징
		장기일반 민간(준공공) 임대	75% 감면	8년 이상 임대 위반시 감면세 추징

민간임대주택법에 따르면 장기일반 민간임대주택 등록시 가액 요건이 없어졌지만 종합부동산세법은 바뀌지 않았다. 종합부동산세법 제8조 2항에서 합산배제대상 매입임대주택 요건은 2가지를 충족해야 한다.

첫째는 해당 주택의 임대개시일 또는 최초 합산배제신고를 한 연도의 과세기준일(6월 1일)의 공시가격이 6억 원(수도권 외 지역은 3억 원)인 가액 요건이다. 둘째는 5년 이상 계속해 임대하는 기간 요건이다. 이 요건은 2018년 4월 1일 이전 등록자에 한한다. 그 후에는 2017년 12월 13일 대책으로 8년 이상 임대시 합산 배제하도록 강화되었다.

조세특례제한법 제96조에 따라 주택임대소득에 대한 소득세 감면을 받으려면 국민주택규모(85m²) 이하의 주택을 3호 이상 임대등록해야 했다. 이 제도는 2017년 12월 13일 대책으로 3호에서 1호 이상 임대등록으로 완화되었다. 또한 단기임대 4년 및 장기일반 민간임대 8년을 임대해야 감면받는다.

2017년 12월 13일 대책에서 필요 경비율을 60%에서, 등록사업자는 70%로 상향해주고 미등록사업자는 50%로 차등 적용하게 되었다. 만약 그 약속을 위반하면 감면받은 세액을 100% 추징당한다.

그러나 장기일반 민간임대(구 준공공임대)주택을 4년 이상 임대하다가 양도하면 감면세액의 60%를 추징한다. 보다 정확한 추징세액은 '감면받은 소득세 또는 법인세 전액(준공공임대주택 등은 60%)+이자상당액'이다.

처분시 양도소득세, 확실히 알아두자

양도소득세 부분은 이 책을 읽는 독자들의 최대 관심사항일 것이다. 문재인정부에서 발표한 8·2부동산대책에서 다주택자에 대한 압박이 강하다. 2018년 4월 1일부터는 조정대상지역 내에 다주택자는 양도소득세에서 장기보유특별공제를 받을 수 없다고 한다. 그뿐만이 아니다. 2주택자는 기존 양도소득세율에 추가로 10%포인트 중과하고, 3주택자는 20%포인트 중과세한다고 한다. 그 전에 팔든지 아니면 임대사업자 등록을 하라고 한다.

거주주택 외에 투자해 임대하는 주택이 있다면 고민할 수밖에 없다. 이럴 때 임대사업자에 부여된 양도소득세에 관한 혜택은 상당히 달콤하다. 2017년 12월 13일 대책에서 기존 5년 이상 임대하면 양도세 중과배제 및 장기보유특별공제와 아울러 종합부동산세 합산배제 되었던 것이 8년 이상 임대해야 되도록 강화되었다.

이 요건을 충족하면 자신을 포함한 전 가족이 연속해서 2년이 아니라도 띄엄띄엄 합산해서 2년 거주했다면 다른 주택들을 임대사업주택으로 등록하고 1가구 1주택 비과세를 적용받을 수 있다. 양도차익이 많은 물건이면 적극 활용해야 한다.

소형주택이고 지역발전 가능성이 있어 장기적으로 가격상승이 유력한 지역의 물건이라면 준공공임대주택으로 등록해서 양도세 감면을 누리는 것도 추천한다. 자금 여유가 있어 조금씩 받는 임대소득에 만족하지 않고 장기적인 관점에서 양도차익이 큰 물건에 투자한다면 이 방법을 적극 활용해야 한다.

100% 양도세 감면 주택은 한시적으로 적용된다. 2015년부터 2017년 12월 31일까지 취득한 주택을 취득 후 3개월 이내에 장기일반 민간임대주택으로 등록해야 하고, 10년 이상 임대하면 임대보

구분	대상	세금 혜택			위반시 조치
양도 소득세	거주주택 양도 경우	수도권 공시가격 6억 원 이하 비수도권 공시가격 3억 원 이하 주택을 임대주택으로 등록해 8년 이상 임대하면 주택 수에서 제외함. 단, 거주주택은 2년 이상 거주하면 1가구 1주택 비과세 혜택			비과세 양도세 추징
	임대주택 양도 경우	단기 민간임대		수도권 공시가격 6억 원 이하, 비수도권 3억 원 이하 6년 이상 임대 시 장기보유특별공제 2~10% 추가 공제함	
		장기일반 민간임대 (구 준공공 임대)	장기일반 민간임대 (구 준공공 임대)	전용면적 85m² 이하로 준공공 임대사업자로 등록 후 8년 이상 임대 한 경우 장기보유특별 공제 70% 적용	
			2018년 12월 31일 까지 매입 후 10년간 준공공임대	임대기간 중 발생한 양도소득세 100% 감면	

유기간 동안에 발생한 양도소득세를 100% 감면해준다는 것이다.
이 법은 당초 2020년 12월 31일까지 3년 연장해 시행하려 했으나
2017년 12월 5일 수정법안이 통과되면서 1년 연장되어 2018년 12월
31일까지 시행하게 되었다.

혜택만 있는 게 아니라
임대사업자의 불편사항도 있다

이상에서 임대주택을 등록하면 혜택을 살펴보았다. 무조건 혜택만
있는 건 아니다. 양지가 있으면 음지도 있다. 임대사업자이기에 불
편한 점은 무엇일까?

첫째, 의무임대기간이 있다. 단기는 4년, 장기는 8년이다. 하지만
단기라도 종합부동산세를 감면받으려면 8년을 임대해야 한다. 또한
양도소득세에서 좀더 혜택을 보려면 경우에 따라 8~10년을 임대해
야 한다.

둘째, 연간 5% 이내로 임대료 인상을 못한다. 사실상 계약을 하면
임대차 보호법상 2년간 보장해야 하니까 현실적으로는 2년에 5%
인상밖에 못한다. 임대료가 상승하는 지역에서는 고민해볼 일이다.
갭 투자로 전세금이나 임대료 상승을 목적으로 한 투자자에게는 치
명적이다. 하지만 자기 자본으로 월세수익을 목표로 한다면 그다지
큰 문제가 되지 않는다. 현실에서는 연간 5%씩 월세를 올릴 수 있
는 지역은 드물다.

셋째, 다른 소득이 많으면 종합소득합산으로 누진과세가 되어 불
리하다. 가족간에 증여세를 감안해 명의를 분산할 필요가 있다.

넷째, 건강보험 직장가입자가 아니면 지역가입자로 가입해서 4대
보험 부담이 감면책이 있지만 커진다. 임대사업자로 등록하면 임대

소득이 노출되어 그동안 자녀의 피부양자로 되어 있었던 분들도 건강보험료를 내게 된다. 하지만 연 1,333만 원 이하인 경우는 피부양자 자격을 유지한다. 2017년 12월 13일 대책에서 2020년 말까지 등록한 연 2천만 원 이하 분리과세 대상 사업자는 임대의무기간 동안 건강보험료 인상분을 대폭 감면해준다. 8년 임대시 80%, 4년 임대시 40% 감면한다.

다섯째, 임대사업자가 되면 정부의 관리대상이 되고, 세무서에서 마음만 먹으면 세무조사대상이 된다.

자신이 처한 상황에 맞는
현명한 투자를 하라

지금까지 임대사업자에 대한 등록 요건, 의무사항, 세제 혜택에 따른 단점도 살펴보았다.

각자가 처한 사항은 다 다르다. 취득세 부분과 양도소득세 부분은 일시에 부담하는 세금이므로 체감하는 부담은 크다. 나머지 보유세는 매년 나누어 내는 것이다. 임대소득이 양호한 물건에 투자했다면 수익에 비해 크게 부담되지 않는다.

각자 투자성향이 다를 것이다. 임대료 상승이 좋은 물건을 투자할 수도 있다. 그럴 경우 임대주택 등록과는 맞지 않는다.

나는 부동산투자의 내재가치를 기준으로 판단하고 향후 미래가치가 있는 물건을 매입해 장기적투자를 한다. 대도시 및 중소도시에 사람들이 모이는 곳에 소형주택을 매입해 인플레이션율과 금리 이상의 임대소득을 누리면서 매매차익을 누리는 투자를 한다.

2018년 12월 31일까지 매입하는 국민주택규모 이하 주택은 장기일반 민간임대주택으로 등록한다. 그러면 10년 이상 임대해 매도시 양도소득세를 100% 감면받는다. 그게 정부정책에 순응하는 투자라고 보기 때문이다.

자신이 처한 상황은 자신이 가장 잘 아는 법이다. 주택임대사업자의 장단점을 파악해 자신의 처지와 잘 조합해 현명한 투자를 하길 바란다.

투자 포인트

다주택자 중과정책으로 세금부담이 커져간다. 장기일반 민간임대사업자가 되는 것은 정부정책에 순응하는 현명한 투자다.

다주택자가 법인사업자로
등록하면 어떨까?

임대사업자를 하더라도 개인사업자냐,
아니면 법인사업자로 할 것인가를 고민할 필요가 있다.

부동산투자에 관심이 있는 사람들은 세금 문제에 민감하다. 세금은 실제 수익률과 직결되기 때문이다. 부동산은 거래단위가 크기 때문에 세금이 차지하는 금액이 크다.

더욱이 최근 문재인정부에서는 다주택자를 임대주택공급자로서 포용하기보다는 집값 상승을 부추기는 투기자로 본다. 그런 입장이다 보니 징벌적 세금을 부과한다. 2주택자는 기존 양도소득세율에 10%포인트, 3주택자는 20%포인트 가산세를 적용한다. 다주택자들의 임대사업자 등록을 독려한다. 임대사업자를 하더라도 개인사업자인지 법인사업자로 할 것인지를 고민할 필요가 있다.

법인사업자일 때의 장점은
확실히 알아두자

부동산을 매매해 양도차익이 발생하면 개인의 경우는 양도소득세를 납부한 후 나머지는 자기가 마음대로 사용할 수 있다. 하지만 법인사업자라면 이야기가 다르다.

자신이 법인의 대표이사고 주식을 100% 소유하고 있다고 해도 회사 돈을 마음대로 쓸 수 없다. 배임과 횡령으로 처벌될 수 있다. 반드시 급여나 배당을 받아야 쓸 수 있다.

또한 법인은 모든 돈의 흐름을 장부에 기록해야 한다. 대부분 세무사나 회계사무소에 수수료를 주고 기장대리를 맡긴다. 이런 불편을 감수하고라도 법인사업자를 하면 장점이 있다.

첫째, 소득에 대한 적용 세율이 개인소득세율보다 법인세율이 낮다. 둘째, 필요경비의 공제 범위가 개인사업자보다 훨씬 넓다. 직원들 인건비는 물론이고 대표이사 개인 인건비노 경비로 처리한다. 금융비용 각종 부동산 수선비용, 차량유지비, 유류대, 직원 4대보험료, 각종 비품구입비, 법인카드 사용액 등을 모두 경비 처리하고 있다. 과거에는 차량구입이나 사용을 대표 개인이 사적생활에 이용하는 데 자유로웠으나 최근에는 차량운행일지를 써서 공적업무에만 쓰도록 하고 있다. 셋째, 부동산을 단기에 매매하는 경우 양도세 중과를 피할 수 있다. 또한 개인과 달리 다주택자란 개념이 없다. 따라서 2018년 4월 1일부터 시행하는 다주택자 양도세 중과 적용을 받지 않는다.

　다음의 표를 보면 부동산 중에서 특히 주택을 양도해 소득이 발생할 때 개인과 법인에게 적용하는 세율을 조사해보았다. 법인이 부담하는 세금이 개인보다 훨씬 적다.

부동산(주택)양도소득세와 법인세(2018년 4월 1일 현재)					
개인 양도소득세				법인세	
과세표준	소득세율			과세표준	법인세율
	기본	2주택	3주택 이상		
1,200만 원 이하	6%	16%	26%	2억 원 이하	10%
1,200만 원 초과 4,600만 원 이하	15%	25%	35%		
4,600만 원 초과 8,800만 원 이하	24%	34%	44%	2억~200억 원 이하	20%
8,800만 원 초과 1억 5천만 원 이하	35%	45%	55%		
3억 원 이하	38%	48%	58%	200억 원 초과	22%
5억 원 이하	40%	50%	60%		
5억 원 초과	42%	52%	62%		

양도소득세 대신
법인세를 부담하므로 유리하다

문재인정부 들어서 8·2부동산대책으로 2018년 4월 1일부터 다주택자에 대한 양도소득세를 중과하겠다고 발표했다. 내 집 한 채 가지거나 집을 옮겨 다니면서 일시적으로 두 채가 되는 경우는 별 걱정이 없다. 부동산으로 재테크를 하고자 관심가지는 자들에게는 큰 부담이다. 특히 3가구 이상 다주택자나 단기 매매를 하는 경우가 문제가 된다.

이때 법인인 경우는 양도소득세 대신 법인세를 부담하므로 유리하다. 부동산의 종류에 따라 주택과 비사업용 토지에는 10%의 추가과세를 함에 유의해야 한다. 과세표준이 2억 원 이하면 법인세율 10%에 가산세 10%를 더해 20% 세율이 적용된다는 말이다.

법인설립에 관해서는 많이 간편해졌다. 주주는 한 명이라도 가능하다. 자본금은 100만 원만 있어도 된다. 자본금이 10억 원 미만이면 별도로 감사를 선임하지 않아도 된다. 개인사업자로 부동산을 거래할 것인가 법인을 설립해서 하느냐는 생각처럼 간단하지 않다. 각자가 처한 상황을 면밀히 따져봐야 한다. 단순한 수익에 따른 과세 세율만 보는 게 아니다.

법인은 관리 및 유지비용이 계속 들어간다. 부동산 중에서 국민주택 범위를 초과하는 중대형 주택이나 오피스텔, 사무실, 상가 등

사업용으로 사용되는 부동산을 사업자가 매매하는 것은 부가가치세의 대상이 된다.

사업자가 부동산을 양도하면 1년 이내 단기매매라도 일반세율(6~42%)이 적용된다. 그러나 부가세는 총 매매대금에서 건물부분 매매대금의 10%를 부가가치세로 납부해야 한다. 그러므로 양도소득세를 산출해서 건물매매금액의 10%보다 적다면 오히려 양도소득세보다 부가가치세가 더 부담이 된다는 점을 주의해야 한다. 한편, 법인 설립 후 부동산 취득시에 취득세 중과세 적용기준을 숙지해야 한다.

법인 중과세 적용 요건	
1	수도권 과열 억제권 역 내에서 법인을 설립시 (지점설치, 이 지역내로 전입도 포함)
2	설립이나 지점 설치 및 전입이 5인 미만인 경우
3	수도권 과밀 억제권 역 내에서 부동산을 취득할 경우
4	중과세 배제 업종에 해당되지 않을 경우

위 요건을 충족하면 중과세율 4%가 추가된다.

예를 들면 주택 취득시 기본세율 1~3% + 중과세율 4% = 5~7%, 주택 외 취득시 기본세율 4% + 중과세율 4% = 8%가 적용된다.

투자 포인트

부동산투자도 장기적으로 개인사업이 아니라 법인으로 전환해서 체계적으로 할 필요가 있다.

독자 여러분의
소중한 원고를 기다립니다

⭐ 메이트북스는 독자 여러분의 소중한 원고를 기다리고 있습니다. 집필을 끝냈거나 혹은 집필중인 원고가 있으신 분은 khg0109@hanmail.net으로 원고의 간단한 기획의도와 개요, 연락처 등과 함께 보내주시면 최대한 빨리 검토한 후에 연락드리겠습니다. 머뭇거리지 마시고 언제라도 메이트북스의 문을 두드리시면 반갑게 맞이하겠습니다.